大学生创业教育概论

谭蔚沁　林德福　吕　萍　编著

云南大学出版社

图书在版编目（CIP）数据

大学生创业教育概论/谭蔚沁，林德福，吕萍编著
--昆明：云南大学出版社，2011
ISBN 978-7-5482-0590-6

Ⅰ.①大… Ⅱ.①谭… ②林… ③吕… Ⅲ.①大学生—创造教育 Ⅳ.①G640

中国版本图书馆 CIP 数据核字（2011）第 184593 号

大学生创业教育概论
谭蔚沁　林德福　吕　萍　编著

策划编辑： 孙吟峰
责任编辑： 王　磊
装帧设计： 猎鹰创想｜书籍设计
出版发行： 云南大学出版社
印　　装： 昆明理工大学印务包装有限公司
开　　本： 889mm×1194mm　1/32
印　　张： 6.625
字　　数： 190 千
版　　次： 2011 年 9 月第 1 版
印　　次： 2011 年 9 月第 1 次印刷
书　　号： ISBN 978-7-5482-0590-6
定　　价： 22.00 元

地　　址： 昆明市翠湖北路 2 号云南大学英华园内
邮　　编： 650091
发行电话： 0871-5031071　5033244
E-mail：market@ynup.com

内 容 提 要

2002年以来，大学生就业已成为社会关注的热点问题之一。为此，党的十七大把“提高自主创新能力，建设创新型国家”作为国家和社会发展的重大战略之一。党和政府采取一系列措施，广开就业渠道，制定优惠政策，支持毕业生自主创业或自谋职业，促进毕业生充分就业。目前，创业教育已在我国大多数高校逐步推广并取得了初步成效。

本书介绍了国外创业教育的兴起和发展，总结了我国开展创业教育的基本情况和不足，并对创业教育课程体系建设、学生创业实践活动、创业教育资源整合等方面进行了积极研究。同时，通过借鉴发达国家创业教育的先进经验，较为全面地论述了完善我国创业教育的目标体系、内容体系、课程体系、制度体系和实施策略等方面，对高校开展创业教育具有一定的指导意义。

前　言

创业，我们并不陌生，但创业教育却是一种新的教育理念，它以素质教育为内涵，突出对学生实际能力的培养，帮助具有创业想法的人实现理想。创业教育这一理念是联合国教科文组织在“面向21世纪教育国际研讨会”上提出的，被认为是“21世纪教育哲学”的“第三本护照”，它倡导和注重实际创业能力，要求把创业能力提高到与学术性教育和职业性教育同等的地位。

创业教育的起源可以追溯到20世纪40年代。1947年，美国哈佛大学商学院的麦赖斯·麦斯（Myles Mace）教授为MBA学生开设了一门创业教育课程——《新创企业管理》（*Management of New Enterprises*）——被公认为创业教育的起点。20世纪60年代，随着硅谷奇迹的出现，创业者的成功故事、创业投资业的迅速发展、创业文化的形成使得越来越多的人加入创业者的行列，创业教育开始在美国受到重视，并在20世纪80至90年代取得了飞速发展。

1997年，由清华大学发起的首届“清华大学创业计划大赛”拉开了中国创业教育的序幕。2002年，教育部在9所院校开展创业教育试点后，许多高校相继开展了创业教育活动，在创业教育课程体系建设、教学法研究、学生创业实践活动、创业教育资源整合等方面进行了积极研究。创业教育在我国大多数高校逐步推广并取得了初步成效。但由于历史、传统及现行教育体制等原因，高校创业教育仍处于起步和试点阶段，在学科内容和课程体系、创业教育的目标定位、理论研究等方面还存在不少亟待解决的问题。我们认为高校开展创业教育不是促进毕业生就业的权宜之计，而是“全面推进素质教育，增强国民的就业能力、创新能力、创业能力，努力把人口压力转变为人力资源优势”，贯彻落实科学发展观，实现社会全面、协调、可持续发展的重要条件。因此，高校必须更新教育思想观念，构建创业教育体系，促进大学生更好地就业与创业。

本书在编撰过程中，大量参考并应用了国内外专家、学者的研究成果，已在此书的注释和最后列出了相关参考文献，在此向他们表示衷心的感谢。由于编者的学识有限，书中的缺点和不足在所难免，恳请专家、同仁批评指正。

编　者

2011.7

目　录

第一章　创业教育概述

创业教育在20世纪中期兴起，绝非偶然。社会经济向高新技术、信息化、生态化、多样化的方向迅猛发展是它产生的直接背景。创业教育是时代发展、社会需要的产物，创业教育也将随着社会的需要不断丰富。随着人们对创业教育的研究，解决创业和创业教育理论的系统性和科学性，注重创业教育的理论与实际应用，不断填补创业教育理论中的空白，这一切都将为教育理论进一步丰富发展作出贡献。

一、创业教育提出的背景

（一）创业教育提出的历史背景

中国是有着几千年灿烂文明的古国，学校教育走过了两千多年的历史，创造和传承着五千多年的中华民族的文明成果。无论从教育诞生的时间、教育理论的形成、教育功能的发挥等，都走在了世界的前列。但中国传统的教育思想属于“守业”教育，以保守的教育思想为指导，以“尊师道，读圣贤”为宗旨，其最显著的特征是守旧、墨守成规、学而优则仕。这使得中国教育充斥着教化性质和浓厚的政治色彩，突出服从和规范，缺乏个性和创造性能力的培养；注重社会集体观念的教育，缺乏个人的主体性培养；注重人文社科理念的教育，而缺少实业和实践能力的训练，富有冒险与实干精神、敢于创造和挑战现状的创业者寥寥无几，创业者缺乏生存的条件。随着封建制度的土崩瓦解，作为奴役人们思想的封建教育制度走到改革的前沿。洋务运动的兴起，中国人开始学习先进的外国知识。

“中学为体，西学为用”的教育思想大行其道。特别是五四运动以来，越来越多的中国进步青年抱着救国救民、振兴中华的思想，把目光从古老的东方投向世界，寻求解救中国的良方。中国教育从保守的集中型向世界范围内辐射，为创业教育的产出提供了现实的土壤。

（二）创业教育提出的国内背景

改革开放以来，在党的正确政策引导下，商品经济迅猛发展，市场经济不断成熟，创业浪潮此起彼伏，创业者大量涌现。并形成四次创业高潮，第一次是1988年4月，全国人民代表大会通过的宪法修正案增加了“国家允许私营经济在法律规定的范围内存在和发展”的内容吹响了个体创业的号角。一时间，下海经商成为时尚，一些具有创业创新能力的人士走出机关、国有企事业单位，开始自己的创业之路，涌现出段永基、柳传志、宋朝弟以及史玉柱、姜伟、吴炳新、王遂舟等一大批创业者。第二次始于1992年邓小平南方谈话，“三个有利于”理论为非国有经济发展擂鼓助威，此间，私营、个体等非国有企业如雨后春笋般涌现，中国经济连续几年以10%以上的速度迅猛增长，仅乡镇企业的产值就占据了国民经济的1/3，每年吸纳农村富余劳动力1.5个亿，个体工商户等非国有企业的产值和税收都占全国总值的一半以上，一大批发展市场经济的先行者也富了起来。第三次始于2000年1月，全国人大发布实施了《个人独资企业法》，为个体创业铺平了道路。经过前两个阶段的发展与铺垫，中国进入“1元钱做老板”的发展轨道，“个体户”也获得了合法地位，以此为标志，中国迎来了新的创业时代。第四次是中国共产党第十六次全国代表大会的召开，“三个代表”重要思想的诞生，私营企业主作为先进生产力的重要组成部分，可以光荣地加入中国共产党，使得创业成功者们获得了前所未有的政治地位，也赢得了应该有的政府和社会的尊重，无疑为创业者的涌现注入了巨大的推动力量。

与此同时，随着高校扩招，毕业生就业工作遇到了前所未有的压力。2007年、2008年、2009年、2010年毕业生总数分别为495

万、559万、611万和660万。大学毕业生人数激增，就业形势日益严峻。清华大学公共管理学院教授胡鞍钢认为，“中国正面临着世界上最大的就业战争”。据他计算，中国以世界上9.6%的自然资源（指电力生产量、商业能源使用量、农业种植面积和水资源）、9.4%的资本资源（指国内投资额、资本市场、净外国直接投资，按实际购买力平价计算）、1.85%的知识技术资源（指个人电脑数、互联网主机数、本国居民申请专利数、科学论文发表数和研究与开发支出，按实际购买力平价计算）、1.83%的国际资源（指出口货物和服务总额、进口货物和服务总额、版权和专利收入、版权和专利支出）来为世界上26%的劳动力人口创造就业机会。庞大的劳动力人口，稀缺的资源，中国作为发展中国家，必须面对“就业”这个经济建设中的难题，而“为8亿多劳动力提供就业机会”必然成为中国全面建设和谐社会，落实科学发展观的基本任务。

诚然，大学生数量增长是适应我国经济发展需要的，也是我国走向科学现代化所必须的。21世纪的国家竞争是综合国力的竞争，更是人才的竞争。但处于经济转轨时期的中国，传统的就业岗位已经不能容纳大规模、高素质的人才。通过创业来解决大学生就业将是今后几年大学生就业的一种重要手段。一个大学生创业可以吸收若干个学生参与，解决一批大学生的就业问题。如果全社会能够为创业提供良好的条件，创造良好的外部环境，在社会上形成良好的创业氛围，大学生创业能够渐成气候，那么将大大缓解社会就业压力。因此，针对大学生开展创业教育刻不容缓。

（三）创业教育提出的科技背景

在市场经济体制下，企业的生产经营活动发生重大变革。经济体制的多样化，从以前在计划体制下进行单一型号、类型、种类、规格的生产经营活动转变成为面向市场、面向顾客的生产模式。这种转变表现在：第一，生产方式的转变。统一的、批量化的大生产模式已经被灵活的、多变的、个性化的生产方式所改变。厂家与用户直接联系，针对用户的需求制作相应的产品。其特征是信息化、透明化、网络化、个性化、创新化。敏感地把握市场商机，及时生产。第二，经营方式的转变。自己投资、自己经营已成为过去，股份制、股份合作制、承包制、租赁制、委托制等经营方式如雨后春笋般涌现出来。新的企业经营方式，可以有效地实现物质资源、人力资源、货币资源的优化配置，使人尽其才、物尽其用。第三，产品结构发生改变。产品的种类越来越多，规格越来越多样化。同类产品的产量逐渐减少，更新换代快，产品更具个性化。第四，生产过程专业化。一个企业或部门只生产某些产品或完成某些工艺，生产技术通过专业化分工后变得相对简单，创建企业的投资规模也相对缩小。第五，企业对员工的要求发生变化。新型企业要求员工具备创业创新能力，适应时代发展潮流，与社会发展相一致。

科学技术的进步也导致了资本有机构成的提高。尽管全球资本总量在不断增大，但是资本对劳动总量的代替发展，降低了经济总量对劳动力的需求。我国在计划经济体制下实施的低工资广就业，造成了国有企业劳动力大量冗余，机构臃肿，办事效率低下，形成大量隐形失业人群。农村结构改革造成了大量农村劳动力涌向城镇，约有1.5亿~2.2亿劳动力需要转移。而今后的10年中，我国的劳动力保持持续增加。就业矛盾依然是社会的主要矛盾，如何解决好就业矛盾关系到国家的稳定和人民群众的生活品质。要解决这个矛盾有赖于提高国民的创业意识和创业精神，创造新的就业岗位。为缓解严峻的就业形势，国家大力扶持中小企业的发展。据统计，目前中小企业占我国企业总数的98%以上，创造的工业总产值、实现利税和出口额分别占全国总量的60%、40%和60%左右，并提供了约75%的城镇就业机会。另据国家劳动科学研究所一项课题研究报告显示，从同样的固定资产投资来看，小企业占国有资产的比例仅为17%，吸纳就业量却是74%，为大型国有企业的14倍。因此，个体、私营企业已成为我国现阶段一种重要的企业组织形式。

（四）创业教育提出的国际背景

大学生就业问题是全世界面临的一个大问题。美国著名管理学家彼得·德鲁克认为，“创业型就业是美国经济发展的主要动力之一，是美国就业政策成功的核心，鼓励创业是带动就业增长的主要措施”①。他分析了1965—1984年间美国的就业结构，发现就业机会都是由中小企业创造的，并且几乎都是创业型和革新型企业创造的。在美国，1980—1999年，已经创造了3 400万个新就业机会，但《财富》500强却失去了500多万个工作岗位。美国只是在1993—1996年间就创造了800万个新的就业机会。以20世纪70年代末创造的微软公司为例，在1980年收入为800万美元，有38个员工；到1997年末，它的收入是65亿美元，2.1万多个员工。1997年，美国的1/3家庭在一个新企业或正创立的企业就职。有研究表明，“自1980年以来在美国和其他一些地区，创业者每年创造了70%以上的新就业机会和70%以上的新产品和新服务”②。事实证明，创业是解决就业的一个有效途径。

而现有的教育对人才的培养已不能适应社会对人才的需求，企业从学校选拔人才后要进行相应的职业技能教育。人才培养机构和用人单位对人才的需求之间脱节导致了大学生就业难、企业聘人才难的局面。社会要求改革高校教育，特别是大学生就业教育，高校教育模式和教育方法的改革呼之欲出。1995年，在联合国教科文组织发表的《关于高等教育的变革发展的政策性文件》中，创业教育的概念得到了完整的阐述，该文件指出：“在学位＝工作这个公式不再成立的时代，人们希望高等教育的毕业生不仅是求职者，而且也是成功的企业家和工作岗位的创造者。”

1998年10月，在巴黎召开的世界高等教育会议又进一步强化了创业教育思想。此次会议发表的《21世纪的高等教育：展望与行动的世界宣言》中指出：“为方便毕业生就业，高等教育应主要培养创业技能与主动精神；毕业生将愈来愈不再是仅仅是求职者，而首先将成为工作岗位的创造者。”大会发表的《高等教育改革和发展的优先行动框架》中也强调指出：“高等学校必须将创业技能和创业精神

---

① 李时椿，常建坤，杨怡．大学生创业与高等院校创业教育［M］．北京：国防工业出版社，2004：1.

② 于连涛，刘伟．创新与创业教育［M］．青岛：中国海洋大学出版社，2004：207.

作为高等教育的基本目标。”自此，创业教育在世界范围内掀起了热潮。

二、创业教育的基本界定

一般而言，理论的发展是建立在科学的概念基础上的，在进行问题研究时，一些相关的概念是我们认识的基础，它们在具体的情境中有着不同的内涵。同样，作为研究的基础与前提，我们也有必要把创业教育理论中的“创业”、“创业教育”等相关概念进行厘定与廓清，对创业教育的内涵进行正确理解，对创业教育的范围给予阈限。

（一）创业的基本概念

1. 创业的概念与特征

所谓概念，乃是一类具有共同特性的事物或现象的总称。一般概念的形成，不是一蹴而就的过程，常需经过分析、比较、综合、抽象与概括等手段，有效地进行，最后成为词语简括而内容丰富的概念。

什么是创业？上海辞书出版社出版的《辞海》定义为：“创业，创立基业”。《孟子·梁惠王》有：“君子创业垂统，可继也”。诸葛亮《出师表》曰：“先帝创业未半，而中道崩殂”。这里所谓“基业”的创业是广义的“事业的基础、根基”，既可以是“帝王之业”、“霸王之业”，也可以是“百姓的家业和家产”。在《现代汉语成语辞典》中，对“业”有多种解释：学业；业务、工作；专业、就业、转业、事业；财产、家业；等等。可见“业”的内涵极为丰富。从性质上看，可以是学业、专业、业务，也可以是家业、产业，甚至是工作、事业；从类别上看，有各行各业、各种职业和岗位，即所谓的“三百六十行”；从范围大小看，有个人的小业、家业，有集体的产业、企业、大业，有国家和社会的各项事业；从过程看，“业”有开创阶段、发展阶段、成就阶段和持续发展阶段等。因此，“创业”的内涵也极其丰富，有性质、类别、范围和过程阶段等方面的区别和差异。

从“创业”这个概念的汉语使用法来看，一般可以用于以下三种状况：(1) 强调开端和草创的艰辛和困难；(2) 突出过程的开拓和创新意义；(3) 侧重于在前人的基础上有新的成就和贡献①。

如何界定创业，目前学术界还没有达成共识。一般认为创业的内涵有广义和狭义之分。狭义的创业是指创办企业，把“创业者”称为“企业家”，把“创业”视为“创办自己的企业”，这是国际上对创业的最普遍的理解。

广义的创业是指人们根据社会需要，运用自己的聪明才智创立一种事业，或在工作中有所创造、创新和发展。在创业过程中既充分发挥个人才智，又促进社会经济发展。

在高等学校开设的创业学课程中所论及的创业，强调的是创业的广义性，它既具备广义创业的一般特征和意义，又具备经济学意义上的特殊内涵。基于这种认识，学者们在创业学中给创业下定义时，往往带有经济学的视角。下面是学术界有影响的有代表性的定义。

哈佛商学院认为，创业是不拘泥于当前资源条件的限制下对机会的追寻，将不同的资源组合以便利用和开发集会并创造价值的过程②。

百森学院认为，创业是一种思考、推理和行动的方法。它强调机会，并要求创业者有完整缜密的实施方法和讲求高度平衡技巧的领导艺术③。

霍华德·H. 斯蒂文森（Howard H. Stevenson）认为：创业是一个人——不管是独立的还是在一个组织内部——追踪和捕获机会的过程，这一过程与其当时控制的资源无关。并进一步指出：“创业可由六个方面的企业经营活动来理解：发现机会、战略导向、致力于

① 彭刚. 创业教育学［M］. 南京：江苏教育出版社，1995：7.
② 赵志军. 关于推进创业教育的若干思考［J］. 教育研究，2006（4）.
③ 唐德海，等. 从就业教育走向创业教育的历程［J］. 教育研究，2001（2）.

机会、资源配置过程、资源控制的概念、管理的概念和回报政策。”他进一步指出：创业就是察觉机会、追逐机会的意愿及获得成功的信心和可能性①。

杰弗里·A. 蒂蒙斯（Jeffry A. Timmons）认为：“创业是一种思考、推理和行为方式，这种行为方式是机会驱动、注重方法和与领导相平衡。创业导致价值的产生、增加、实现和更新，不只是为所有者，也为所有的参与者和利益相关者”②。

美国巴布森商学院和英国伦敦商学院（London Business School）联合发起，加拿大、法国、德国、意大利、日本、丹麦、芬兰、以色列等10个国家的研究者应邀参加的“全球创业监测”项目，把创业定义为：“依靠个人、团队或一个现有企业，来建立一个新企业的过程，如自我创业、一个新的业务组织或一个现有企业的扩张”。

以上是国外研究的具有代表性的定义。我国学者的主要观点有：

郁义鸿、李志能等人认为：“创业是一个发现和捕捉机会并由此创造出新颖的产品或服务，实现其潜在价值的过程”③。

雷霖、江永亨认为：“创业，是指通过利用各种资源包括人力和资本来创造价值，以产品或服务的形式贡献给消费者，同时自身获取利润并取得发展的过程”④。

宋克勤对创业的定义是：“创业是创业者通过发现和识别商业机会，组织各种资源提供产品和服务，以创造价值的过程”⑤。

王树生认为：“创业是一个发现和捕获并由此创造出新颖产品或服务和实现其潜在价值的过程。创业必须要贡献出时间和付出努力，承担相应的财务的、精神的和社会的风险，并获得金钱的回报、个

---

① 王树声. 创业教育研究［D］. 长春：东北师范大学，2003：11.

② 杰弗里·A. 蒂蒙斯（Jeffry A. Timmons）. 创建新企业［M］. 北京：华夏出版社，2000：45.

③ 郁义鸿，李志能，Robert D. Hisrich. 创业学［M］. 上海：复旦大学出版社，2000：9.

④ 雷霖，江永亨. 大学生创业指南［M］. 长沙：中南大学出版社，2001：13.

⑤ 宋克勤. 创业成功学［M］. 北京：经济管理出版社，2002：2.

人的满足和独立自主”①。

由此可见，要给创业一个公认的统一定义是困难的。一个概念越是普遍，越是频繁出现在人们的语言中，下统一定义就更加困难。我们认为：创业是指个体根据市场需求发现和捕获机会，以积累积聚财富为目的，以经营现有的资源为手段，创造出新颖的产品或服务和实现其潜在价值的过程。

在创业教育研究中，我们不必过分拘泥于定义的文字表达，但对创业的基本特征要有所了解。一般认为，创业具有如下基本特征：

(1) 自主性，是指创业活动充分发挥创业者的自主性，创业者自主确立经营计划，制定项目，选配人员，调配资金，场地的维护等等相关的要素，并自负责任。

(2) 开创性，是指创业对于任何创业者都是一项前所未有的事业，是从无到有地创建一个经济实体，或使已有的经济实体从小变大，从旧产品发展到新产品。

(3) 生产性，创业是一种发展性的生产活动。它以提供产品或服务作为活动的直接结果。

(4) 增值性，增值是生产的必然属性。创业的直接结果是产出，作为市场行为，创业必须获取利润。创业的直接目的是增值，没有增值过程就没有意义，也不可能存活。

(5) 风险性，是指创业者在创业过程中本人没有成功的经验可借鉴，也不能保证创业一次成功，必然要承担来自创业领域的人员、现金、技术、授权、决策、财务等各种风险。

(6) 艰辛性，是指创业过程是创业者创造新的有价值事物的过程，需要创业者付出极大的努力，付出更多的艰辛才能获得创业成功。

(7) 经济性，是指创业不仅使创业者获得经济利益，实现自身的社会价值，还会为其他人提供就业岗位，为社会创造财富。

(8) 不确定性，是指创业没有绝对的安全，百分之百成功只是

① 王树声：创业教育研究［D］. 长春：东北师范大学，2003：11.

少数，创业的结果具有不确定性，常常是事业规模越大，风险就越大。

2. 学业、就业与创业的关系

（1）学业与就业的关系：关于学业，《现代汉语词典》的解释是：指学习的功课和作业。关于就业，《现代汉语词典》的解释是：指得到职业，参加工作，获得报酬。从两者的关系看，学业是就业的基础，就业是学业完成者追求的目标。可以说不同的学业经历的个体可以得到不同的就业岗位。

（2）学业与创业的关系：学业是积累知识、增强能力、提高素质、培养创新精神和实践能力的过程，是创业的基础。不同的创业类型需要创业者具有不同的学业经历，具有不同的学业经历的人，在现实生活中会选择不同创业项目。学业经历是创业者选择创业项目的基本前提，创业是人生追求的目标。

（3）就业与创业的关系：就业是指在现成的岗位中找到适合自己工作的岗位，从中获得报酬，改变个人与家庭的经济状况。就业是人人必需的，因为只有通过就业，才能在社会中找到自己的位置，在对社会作出贡献的同时，获得自己生活的来源。创业是积极的就业。它不同于就业的是在解决个人就业的同时可能会为别人提供就业岗位，使自己获得更多的经济利益，充分发挥自己的才能，实现自己人生的理想和抱负。

（二）创业教育的内涵

1. 创业教育概念的提出

世界上最早提出创业教育概念的是柯林·博尔，他在1989年向经济合作和发展组织教育研究与革新中心提交的一份报告中提出，未来的人都应该掌握三本“教育护照”：一本是学术性的；一本是职业性的；第三本是关于事业心和开拓技能的。第三本教育护照被写进了1989年11月由联合国教科文组织在北京召开的“面向21世纪教育国际研讨会”的报告中，并把“事业心和开拓技能”的教育称为“创业教育”。

1995年，联合国教科文组织在《关于高等教育的变革与发展的政策性文件》中全面阐述了完整的创业教育的概念，即创业教育包括两个方面的内容："求职"与"创造新的就业岗位"。

1998年10月，联合国教科文组织在巴黎召开世界高等教育会议，发表了《21世纪的高等教育展望与行动》，报告指出："高等教育应主要关心培养创业技能与主动精神，毕业生将愈来愈不再仅仅是求职者，而首先将成为工作岗位的创造者。"

1999年4月，联合国教科文组织在汉城举行第二届国际职业技术大会，强调了创业能力的培养，认为创业能力是一种核心能力。并提出创业能力应包括：创业态度、创造性和革新能力，把握和创造机会的能力，对所承担风险进行计算的能力，懂得基本的企业经营概念。

我国高等教育对创业教育理念的正式界定，始见于1998年12月24日公布的《面向21世纪教育振兴行动计划》，该计划提出：要加强对教师和学生的创业教育，鼓励他们自主创办高新技术企业。江泽民、李岚清在第三次全国教育工作会议上也要求教育部门要加强创业教育，鼓励大学生成为不同行业的创业者，从而创造更多的就业机会。大学生创业教育作为高等教育发展史上一种全新的理念，为传统意义上的就业赋予了新的内涵。

2. 创业教育

创业教育，即英文"Enterprise Education"的中文表述，它的含义表述为两层含义：一是进行从事事业、企业、商业等规划、活动、过程的教育；二是进行事业心、进取心、探索精神、开拓精神、冒险精神等心理品质的教育①。

联合国教科文组织是这样定义的："创业教育，从广义上来说是指培养具有开创性的个人，它对于拿薪水的人同样重要，因为用人机构或个人除了要求受雇者在事业上有所成就外，正在越来越重视受雇者的首创、冒险精神，创业和独立工作能力以及技术、社交、

① 彭钢．创业教育学［M］．南京：江苏教育出版社，1995：72.

管理技能”①。

创业教育理念在西方发达国家首先形成后，自20世纪80年代末传入中国，在理论、实践和政策等各方面得到快速发展。多年来，创业教育日渐成为教育界讨论的热点。但是目前大家对创业教育概念的理解，仍是众说纷纭。

毛家瑞等提出，创业教育是以开发青少年创业能力为核心的，以提高青少年作为未来创业者整体素质为内容的，以培养具有开创性的社会主义建设者为目标的教育②。

彭钢提出，所谓创业教育，是指以开发和提高青少年的创业基本素质，培养具有开创个性的社会主义建设者和接班人的教育；是在普通教育和职业技术教育基础上进行的，采取渗透和结合的方式在普通教育和职业教育领域实施的，具有独立的教育体系、功能和地位的教育③。

还有专家认为，创业教育从广义上讲，是通过相关的课程体系整体提高学生的素质和创业能力，创业教育的狭义的定义就是针对大学生就业，培养学生的创办企业的能力。

要准确地把握和理解创业教育的内涵，有必要研究创业的三次国际性会议的报告，通过对三次报告的研究和把握，我们大体上可以从以下三个相互联系的方面来理解和掌握创业教育的基本内涵。

(1) 从三次会议所提出的主要目标来看，主要是为了解决亚太地区各国的不利地区、不利群体的就业和生计问题，从而改善他们所处的不利地位和提高他们的生活水平。解决的主要办法是使不利群体中的青少年具有自谋职业、创业致富的本领，即自己能够开始并经营个体生产和小型企业。也就是通过教育使这些青少年具备独自谋生的能力和本领，独立生产、独立经营、独立销售，并逐步有所收益，创下一份家业或产业，成为对社会有益、有用的人。

---

① 通过教育开发创业能力——东京小组研讨会报告［R］．教育情报参考，1991（2）．

② 毛家瑞，彭钢，陈敬朴．关于创业教育的若干问题［J］．教育研究，1992（1）．

③ 彭钢．创业教育学［M］．南京：江苏教育出版社，1995：79.

(2) 从三次会议所界定的概念内涵和提供的概念框架来看，创业教育所要提供给受教育者的，主要是从事创业实践活动全过程，即从发现机会到决策、规划、实施、评估、反馈这样一个生产经营活动所必须具备的知识、技能、能力、心理品质等素养，而且特别强调这些素养要能够转化为创业实践活动，特别强调心理上的东西要落实到实际操作行动上，即必须外显化、行为化。

(3) 从三次会议所提供的各国经验看，不仅使受教育者通过创业教育获得自谋职业、创业致富的本领，改善自己的地位，提高生活水平，而且使受教育者投身于社会实践活动中，在做中学，在学中做，做、学结合，形成主动性学习的能力和态度，培养多种综合性的能力，构建和塑造了开创性的个性，成为能够主宰自己，主宰自己生活的强者，成为社会变革的参与者和开拓者。

综上所述，创业教育的内涵具有三层紧密联系的含义：(1) 通过创业教育，培养青少年自谋职业、创业致富的能力和本领；(2) 通过创业教育，培养青少年从事创业实践活动所必须具备的知识、技能、能力和心理品质；(3) 通过创业教育培养具有开创个性的社会变革的参与者。

同时，在研究中，学者们对创业教育的主要性质进行了归纳，代表性的看法有以下几点：

(1) 创业教育是一种主体性的教育。主体性是人的本质特征，人的创新内在潜质就存在于人的主体性当中，创业教育就是把学生培养成为社会实践活动的能动的主体。因此，创业教育尊重学生的人格和学习的主体地位与参与原则。最大限度地激发学生的积极性、能动性、主动性和创造性，发挥学生学习知识的主体作用，培养学生对知识以及问题主动思考的质疑态度和批判精神，并运用所学的知识解决实际问题，使学生了解和掌握创业规律和特点，以及创业主体所应具备的基本素质。

(2) 创业教育是一种高层次的素质教育。创业教育与素质教育培养目标是一致的，但创业教育更注重创业能力的培养。创业教育是全面推进素质教育的重要突破口，是核心与关键。通过创业教育，发展学生的创造思维能力、专业能力、实践能力，培养学生独立学习的品质、创新开拓的意识等，是促使应试教育向素质教育转轨的重要举措。因此，创业教育是高层次、高质量的素质教育，是素质教育的最高体现。

（3）创业教育是一种健全人格的教育。创业教育强调以人为本，充分尊重学生身心发展的客观规律和特点，注重完善学生健康、健全、完整统一的人格。培养学生积极进取的人生信念和人生态度、求新求异的思维品质和学习理念、不畏艰难的勇气和意志、与人合作的共事原则和交往心态，等等。

（4）创业教育是一种系统工程。它的教育过程是通过各种可利用的教育方式来培养创业者的创业意识、创业思维、创业技能等各种创业综合素质，并最终使被教育者具有一定的创业能力；它的实施不仅需要高等学校的教育，而且需要社会各界的支持与理解。

所以说创业教育具有终身教育的特征，是一种使人的素质不断提高、不断深化的终身教育，而不仅仅是一种专业技能教育。

通过以上分析，不难看出，关于创业教育的概念，有狭义与广义之分。狭义创业教育是指对受教育者进行创业技能培训以满足其自谋职业或创业致富需要进行的教育活动；广义创业教育则是适应创业社会需要与个人创业素质发展需要进行的教育活动。

高等学校的主要职能是培养人才、发展科学和服务社会。开展创业教育，应当从学校教育的本质出发，以广义创业教育的概念为思考问题的逻辑起点，以人为本，着力培养具有创业素质和创业能力的高级专门人才。因此，高校创业教育，是指结合专业教育，向大学生传授创业知识，增强创业意识，培养创业精神，提高创业能力，使大学生毕业后大胆走向社会，实现自主创业或在以后的工作中实现自我发展的一种教育模式。它包括两层含义：第一，通过创业教育，让学生能够自谋职业、自主创业；第二，通过创业教育，让学生具备创业意识、创业技能和创新精神。

3. 创业教育的特征

创业教育作为一种新的教育理念和教育体系，有其自身的特征。把握其特征，有助于我们进一步理解创业教育。

（1）注重与时代相结合：任何一种教育理念或教育模式都会打上强烈的时代烙印，创业教育也不例外。当今时代是一个开放的、竞争的、变革和创新的时代，新的时代呼唤新型的、具有开创性的教育理念和教育模式，而创业教育正是紧扣了时代脉搏，体现了时代精神的一种教育理念和教育模式，是面向21世纪的教育。

（2）注重培养创新精神：创业所要做的本身就是一种“创新”，因而创业教育必然离不开创新，创业教育谈的是从创新出发的创业。这就要求大学生入学时，就要明确本专业的培养目标、将来的职业前景。教师在教学过程中也应时时与本专业将来所从事的工作联系起来，一点一滴地培养学生创新能力和创业意识，将他们新的构思，通过新产品、新流程以及新的服务方式，有效地体现到市场中，进而创造新的价值。

（3）注重社会实践活动：创业教育十分强调对受教育者动手与动脑能力的培养，强调受教育者社会行动能力的培养，强调受教育者在实践中学会生存，学会处事，从而更好地适应和融入社会。加强社会实践活动是创业教育的一个重要环节，通过社会实践，使受教育者能正确地面对社会现实，并根据社会需要提升自己的素质。

（4）注重综合性：要使大学生毕业后不仅成为适应现代社会的高素质的公民，而且成为推动生产力发展的创业者，就必须强调创业意识、创业心理、创业知识和创业能力等方面的融合与综合。要通过学生的主动学习和教师的指导性教学，使学生既掌握基础知识，又掌握专业知识；既提高理论水平，又提高基础技能；既培养知识的应用能力，又培养社会适应与应变能力。

（5）注重终身性：创业教育是一种使受教育者的综合素质不断提高的终身教育过程，它会伴随创业者的创业及其创业活动的发展而一直持续下去，需要不断充实新内容，寻求新模式，并逐步深化。

4. 创业教育与普通教育、职业教育之间的关系

创业教育作为一种新的教育体系，与普通教育体系和职业教育体系之间具有既互相渗透，又相对独立的关系。

（1）创业教育与普通教育、职业教育均是社会主义教育体系的有机组成部分，共同担负着提高民族素质，为社会培养人才的任务。但又有所差别，普通教育致力于培养德、智、体、美、劳全面发展，生理素质、心理素质、社会文化素质整体提高的社会合格公民，具有独立的功能和价值，成为社会主义教育事业的有机组成部分之一；职业教育在普通教育的基础上，培养职业技能和素质，为社会、经济发展提供合格劳动者的专门人才，具有独立的功能和价值，成为社会主义教育事业的有机组成部分之一；创业教育则在普通教育和职业教育的基础上，培养创业素质和本领，为社会的发展提供具有开拓精神、创新意识、创业能力和就业岗位的创造者，同样具有独立的功能和价值，也成为社会主义教育事业的有机组成部分之一。这三种教育体系以不同的方式围绕着一个共同的目标：提高民族素质，提高综合国力，为社会进步和经济发展培养推动力量。

（2）创业教育与普通教育、职业教育一样，形成了独立而完整的教育体系，有自身的教育目标和任务、课程与内容、途径与方式，是普通教育和职业教育所无法替代的。在长期的发展中，普通教育和职业教育已经形成了自己独立而完整的教育体系，形成了各具特色的办学、教育、教学方式，在整个教育系统和社会系统中获得了稳固的、独立的地位。创业教育作为一种新的教育体系，也具有支撑这一体系的教育思想、观念和理论，有自身较为明确的性质、任务、目的，并形成了相应的教育目标、教育内容、教育方式，围绕创业教育的培养目标，选择、组合和构建创业教育的元素、结构和系统，使创业教育形成了不同于普通教育、职业教育的独立而完整的教育体系。这种教育体系是普通教育和职业教育所无法替代的。尽管普通教育和职业教育含有部分创业教育的因素，但这种因素的存在是不自觉的，处于零散的、间断的、偶然的状态；尽管也有某些创业教育的措施，但处于没有明确指向和固定目标，缺少周密计

划和系统安排的状态。事实上，在普通教育和职业教育已经具有了明确性质、目标、任务的前提下，是不可能也是无法将创业教育的目标和任务等归并进去的。

(3) 创业教育是在普通教育和职业教育基础上进行的，可以结合和渗透到普通教育和职业教育领域中去进行的教育。

①创业教育一般是在普通教育和职业教育基础上进行的，没有普通教育为学生提供一般知识结构、智力和能力，创业教育所要求培养的创业知识结构和创业能力、技能就缺少了形成的基础；没有普通教育为学生提供的健康个性和道德规范，创业教育所要求培养的开创个性、开拓精神、社会责任感和义务感就失去了生长的基础。同样，职业教育为学生所提供的职业知识、职业技能、职业规范等也是进一步进行创业教育的基本条件和发展背景。总之，创业教育不能脱离普通教育和职业教育为学生提供的一般发展水平和条件，而首先进行、单独进行或凭空进行。

②在普通教育和职业教育基础上进行创业教育，并不意味着一定要接受完普通教育或职业教育以后，再进行创业教育，而是可以结合和渗透在普通教育或职业教育之中进行创业教育，在普通教育和职业教育领域逐步实施。创业教育的目标和内容有逐步递进、逐级上升的层级体系，可以适应不同年龄段和不同教育阶段学生的要求，完全可以结合和渗透进普通教育和职业教育的内容与方式中去，完全可以利用学校教育系统的现有途径和方式。

③创业教育采取渗透和结合的方式进行，并不会削弱创业教育作为独立教育体系的功能和作用。渗透和结合是教育发展和改革出现整体化和综合化趋势的标志。各种不同的教育思想在互相渗透和融合，各种不同教育流派在互相渗透和融合，各种教育教学方法在互相渗透和结合。创业教育采取渗透和结合的方式进行，完全符合教育发展、改革的趋势和走向，更何况渗透和结合的方式多种多样，完全能够为实现创业教育的目标和任务服务。渗透和结合的必然结果，是形成推动普通教育和职业教育深化改革的强大动力，使普通教育和职业教育的各个方面，出现适应未来挑战，符合时代精神的

变革和创新。

5. 创业与高校创业教育之间的关系

“创业”和“高校创业教育”之间并没有必然的因果关系。但从理论与实践之间的角度来看，要有理论的指导才能有实践的正确方向。因此，一般认为“高校创业教育”是实施创业活动的基础或前提，这包括知识上、意识上、技能上、心理上和思想认识上等多个方面的储备。我们知道，理论可以指导实践，但并不会直接产生实践行动以及实践行动的成功，创业教育也是如此。仅仅有了创业教育作为大学生创业的基础和先导，有了高校创业教育的实施，未必就会产生创业的实际行动和创业的成功，但我们相信，当有了这种教育，那么必将使得创业更具前瞻性、目的性和有效性，创业才能够取得相应的成功。因此，从这个层面上来说，创业教育是创业的理论与基础，是准备阶段；创业是创业教育实施的结果。因此，高校创业教育是一种创业准备的教育。因受教育的对象不同，创业教育也就可分为针对不同对象的创业教育，高校创业教育只是创业教育的一个部分，一个分支，一个局部。

6. 创业教育与相关概念辨析

为了更准确理解创业教育的内涵，我们有必要将创业教育与就业教育、专业教育和创新教育之间的关系辨析清楚。

（1）就业教育与创业教育：就业教育和创业教育既是两种不同的人才培养模式，也是两种不同的教育质量观。前者以填补现有的就业岗位为价值取向，后者则以创造性就业和创造新的就业岗位为目的。

就业应该包含从业和创业两种形式。创业教育应包含在就业教育之中。计划经济体制时期，我国高校毕业生通过统一分配得到职业。就业制度改革后，毕业生通过“双向选择”实现就业目的。不论是“统分”还是“双选”，以往中国高校的毕业生，实际上都是以参与前人业已存在的事业即从业方式实现就业。若能在开创基业的同时获得自己的职业岗位，那便是通过创业的方式实现就业。应该说，自主创业的就业观是我们应提倡的一种比自主择业依附性更小、主体意识更强的就业观。如果我们站在就业的角度，把以解决受教育者的就业问题作为直接目的的教育称作就业教育，那么创业教育无疑是从属于就业教育的，创业教育理念在高校的形成和确立，将大大地拓宽就业教育的发展空间。

（2）创业教育与专业教育：专业教育是指与普通教育相对，对教育者实施专门的职业技术教育和专门的劳动技能教育的活动。专业教育是创业教育的基础内容，没有这个基础，创业教育只能是无本之木。

创业教育是建立在融合学生所学的基础知识、专业知识基础之上的，通过各种创业实践、设计、模拟构想的实际操作，以达到培养学生创造、创新、创业的精神和技能的能力教育。创业教育应该从专业教育的特点出发，努力培养学生符合专业发展方向、适应未来创业需要的能力结构，使创业教育与专业教育相辅相成。

当然，创业教育也有发展为专业教育的可能。如，美国百森商学院就开设有创业专业，培养高层次的创业人员。创业教育在我国目前正处于研究、探索阶段。我国创业文化稀缺，创业意识淡薄等特点决定了我国目前还不具备把创业教育作为专业教育来开展的条件，它的实施要借助于某种具体的教育类型作为载体，如，基础教育、职业教育、成人教育、高等教育等。

（3）创业教育与创新教育：创新教育是以培养学生创新精神和创新能力为基本价值取向的教育，其目的是培养和造就高素质的创造性人才，以适应社会发展的需要。创业教育主要是培养学生科学的创业意识，开拓的创新精神，形成创业初步能力的教育。创业教育和创新教育的内容结构相互融合，相辅相成。创新是创业的基础，创业是创新的载体和表现形式，两者相互促进、密不可分。

①目标同向。培养创新精神和实践能力是实施素质教育的重点。所培养的人才只有具备创新精神，才能符合21世纪知识经济时代发展所需的人才规格；只有具备了实践能力，才能适应科技成果转化为生产力的过程越来越快、知识和应用结合越来越紧密的社会发展趋势。总之，培养创新精神和实践能力是实施素质教育的应有之义，

有效地培养未来人才的创业能力，也是顺应时代要求和世界发展趋势的必然选择。从某种意义上说，创业能力强弱，反映了一个人的创新精神和实践能力的强弱，因此说创新教育与创业教育在人才培养的目标上是高度一致的。

②内容同质。创新与创业是当代青年的历史使命。大学生创新精神可以理解为个体从事创新活动所需的基本心理状态，主要包括创新意识、创新思维、创新技能和创新品质四个方面。第一是创新意识。创新意识是个体从事创新活动的主观意愿和态度。只有具备强烈的创新意识，才能产生强烈的创新欲望，树立创新目标，发挥创新潜力和才智。大学生的创新意识，主要应体现在尊重客观规律，善于理性思考，敢于怀疑，追求卓越等方面。第二是创新思维。创新思维是创造力的核心。这就是说，要加强对大学生进行创造性思维的训练和培养，不断提高思维创新活动的水平，诸如，思维发散能力、思维想象能力、思维逻辑推理能力和思维直觉灵感能力等。第三是创新技能。它反映为人的行为技巧、动作能力，属于创新活动的工作机制。包括信息收集、加工和处理能力、工作能力、动手操作能力等。第四是创新品质。创新品质主要是指个体从事创新活动所表现出来的稳定的个性品质特征，包括勇敢、独立性、好奇心、毅力、富于挑战性、敢于质疑问难及一丝不苟等良好的个性品质特征。创新主体个性特点上的品质差异性在一定程度上决定着创新成就的大小，因此，创新品质的塑造是创新精神培养的重要环节。

创业，是提高社会生产力水平的需要，是缓解社会巨大就业压力的需要，是培养适应社会主义市场经济的高素质人才需要。为此，教育部《面向21世纪教育振兴行动计划》中指出，要加强对教师和学生的创业教育，积极采取措施鼓励自主创业。创业教育主要包括创业意识、创业精神、创业品质、创业能力培养四个方面（具体内容见第四章创业教育的内容体系）。

从创新教育和创业教育四方面的基本内涵可以发现，创新教育与创业教育内容结构相互融合，相辅相成。创新是创业的基础，创新教育成效，只有通过其培养的人才未来的创业实践来检验；创业是创新的载体和表现形式，创业的成败根本依仗创新教育的根基扎实程度；创新教育注重的是对人的发展总体的把握，创业教育看重的是如何实现人的自我价值；二者相互促进又相互制约，是密不可分的辩证统一体。创新教育与创业教育内容的相似，并不说明二者可以相互替代，因为，仅仅具备创新精神是不够的，它只是为创业成功提供了可能性和必要的准备，如果脱离创业实践，缺乏一定的创业能力，创新精神也就成了无源之水，无本之木。创新精神所具有的意义，只有作用于创业实践活动才能有所体现，才有可能最终产生创业的成功。创业不仅涉及人与自然的关系，更涉及人与社会、人与人之间的关系。因此，具有创业能力的人，不仅要具备科学头脑、经济头脑，还要善于管理、善于协调处理各方面的关系，还要能用法律、法规和政策来规范自己的行为和保护自己的合法权益。也就是说创业教育内容的涵盖范围要比创新教育更加广阔。

③功能同效。创新教育是为了迎接知识经济时代的到来而提出的，创新教育不仅仅是方法的改革或教育内容的变化，更重要的是教育功能的重新定位，是带有全局性、结构性的教育革新和教育新发展，它揭示了人类的最高本质即创造性的教育功能。在传统教育的内核里，学生只是分数和书本的“奴隶”，个性很难充分显示，思维不能健康发育，导致思想依附，“唯书是从”。而创新教育追求人格发展的和谐性与特异性相统一，高度重视学生思维训练中的独创性，鼓励他们自主选择、矢志突破、发奋建构，努力塑造智商、情商和谐共融的完美健全的理想化人格，最终成为能够适应自然，改造世界的人。创业教育的着眼点，是为了使教育更好地适应社会、经济、文化的现实发展，彻底改变教育脱离时代、社会、市场的弊端，使教育更加贴近市场经济，更加贴近社会，使人的个性、才华能充分施展、自我价值得以实现，使人生更加完美。

创业教育落脚点是社会实践性，创业教育的基本内容决定了创业教育除了要使受教育者形成良好的创业心理素质和个性品质以外，还要使之具有较强的实际工作能力和经营管理能力，成为未来社会的强者和创造者。从这个意义上说，创业教育的功能就是培养人的终身可持续发展能力，使其学会学习、学会做人、学会做事、学会合作、学会生存，这些功能与创新教育所突出的创新精神和实践能力的培养，有异曲同工的作用。

（4）素质教育与创业教育：高等院校开展创业教育，实际上是对学生进行素质教育的一个部分，是把素质教育引向深入的一种新形式。素质教育中的“素质”是一种广义的素质：“素质是以人的先天禀赋为基础，在环境和教育的影响下形成和发展起来的相对稳定的身心组织的要素、结构及质量水平。它既指可以开发的人的身心潜能，又指社会发展的物质文明和精神文明成果在人的身心结构中的内化和积淀，既可指人的个体素质，又指人的群体素质”①。人的素质结构包括三个层面：一是生理层面，即生理素质，是先天遗传和后天获得基础上表现出来的人体形态结构和生理机能相对稳定的结合状况和特征；二是心理层面，即心理素质，包括一些智力因素和非智力因素；三是社会文化层面，即社会文化素质，主要由科学素质、道德素质和审美素质构成。生理素质是素质结构中的物质基础和前提条件；心理素质是先天的生物因素和后天的社会因素的统一，表征着人的身心潜能的开发程度和社会文化在人的身心结构中的内化程度；社会文化素质是人的素质结构中的最高层次，表征着个体的社会化程度和文明水平，是人的修养和品位的重要衡量标尺②。在我国，素质教育起初是针对传统教育中过窄的专业教育、过弱的人文关怀、过重的功利倾向等问题提出来的。随着教育改革的逐步深化，素质教育不断从“纠偏”朝尊重人的主体价值，注重科学教育与人文教育的融合，重视创业精神和创业能力的培养，强调智力因素与非智力因素全面提高和协调发展的方向推进。

素质教育的目的就是通过教育提高国民素质。在高等教育阶段实施创业教育，其基本特征和要求是要培养开创性个性，开发创业意识，提高创业能力，塑造创业人格，使受教育者在一般素质教育

① 毛家瑞，孙孔懿．素质教育论［M］．北京：人民教育出版社，1993：27.
② 彭钢．创业教育学［M］．南京：江苏教育出版社，1995：84.

的基础上，形成完整的创业基本素质。而创业基本素质是一种综合性的、较高层次的素质，除了一般素质教育中共同的部分外，还包括创业意识、创业品格、创业能力和创业知识结构部分，与一般素质教育的内容密不可分，但它又高于素质教育的一般要求，植根于素质教育中，是对素质教育的丰富和发展。可以说，创业素质已成为大学生综合素质的重要组成部分，或者说素质教育最重要的部分就是创业教育。高等院校对学生各种素质的培养，说到底就是要使学生既学会做事，又学会做人，这样的学生才具有创业的基本素质，或者说是奠定了创业的基础，才有可能在今后各种不同类型的行业或岗位上开创出一番事业。这也是素质教育的最终目标。

三、开展大学生创业教育的客观依据及现实意义

我国创业教育在20世纪80年代兴起，表明随着当今世界政治多元化、经济全球化、知识经济的到来，传统教育与目前的经济与社会发展的需求已经不相适应，同传统教育相比，它不只是教育内容的更新、教育方法和手段的变革，而且是教育功能的重新定位，它以培养学生创业素质，引导学生自主创业为目标，使教育自觉地为经济建设提供智力支持和人才支持，为经济的持续增长提供创新性知识成果和科技转化平台，它顺应了社会新兴行业和产业变革对新型人才的需求，使教育更好地为经济和社会发展服务。作为一种新的教育思想，创业教育是对教育观念和教育思想的一个创新，对高校教学改革具有深远的意义。

（一）大学生创业教育的理论依据

1. 以马克思主义世界观、人生观、价值观理论为指导

大学生的世界观、人生观和价值观对其创业精神的形成起着十分重要的作用。马克思主义认为，人生观的形成不是人性的自我实现和自我完善，而是人们所处的历史条件和社会关系的产物，是人们对社会生活的反映。

经济体制改革带来了社会转型，我们的教育应致力于使青年具

备自尊、自立、自强、开拓、进取、奉献的品格。但同时我们也不能羞于谈个人利益和个人追求，社会发展要关心人们的物质利益和一切实际问题。这是因为：“人们为之奋斗的一切，都同他们的物质利益相关”①。如果只片面地强调大学生的社会责任和义务而羞于谈论个人的价值实现和物质利益，就会违背生活常识，流于空洞而使学生产生逆反心理，达不到我们教育的目的；如果一味片面地强调个人对社会的责任和义务，忽视个人利益、发展和需要的满足，将使个人服务于社会的能力受到限制甚至枯竭。因此，要引导学生深刻认识实现个人利益和个人追求对社会环境及条件的依赖性，将个人利益与集体利益相结合，个人命运与祖国命运相结合，要引导学生认识个人理想和奋斗在社会分工体系中的社会意义。

为了实现可持续发展，我们需要建立的是能使个人发展和社会发展相互促进、良性循环的社会机制。要培养学生自我负责、努力实现自我价值的观念，使其明白，读书、谋职、创业都应是主要由自己负责的事情，政府和社会都只能为其创造宏观条件。若能做到这一点，毕业生既可去寻找就业岗位而就业，又能在求而不得时走上自主创业之路，不仅解决自己的就业问题，又能为社会创造更多的就业岗位。

创业之路是一条艰难之路，若无相应的精神心理素质支撑，是难以起步或坚持的。在社会主义初级阶段市场经济条件下，对创业者所要求的创业精神主要包括自立自强、奋斗不息的精神。社会主义初级阶段市场经济社会应有的世界观、人生观、价值观认同通过创业活动追求个人物质利益、创造积累物质财富，以实现人的个人和社会双重价值的正当性。

我国是一个有着两千多年封建社会历史的国家，传统文化中存在不少与社会现代化进程背道而驰的糟粕。形成于农业社会的传统文化引导人们“重义轻利”，追求的是“修身、齐家、治国、平天

---

① 马克思，恩格斯．马克思恩格斯全集（1）［M］．北京：人民出版社，1995：87.

下”；虽然重视教育，把读书捧上了天，“万般皆下品，唯有读书高”，但读书人的目标是“学而优则仕”；社会对商人的普遍看法是“无商不奸”。数千万海外华人华侨的业绩证明中国人并非不能树立创业精神，创业精神并不是西方人的专利。

由于受历史文化和计划经济体制在思想上形成的惯性等因素的影响，传统的高校教育以及家庭和社会的教育一直是“就业型”教育，而非“创业型”教育。鉴于此，作为进行世界观、人生观、价值观教育的理论教育在创业精神培养方面应居于重要地位。

2. “三个面向”人才观理论的指导

1983 年 9 月，邓小平在景山学校视察时提出了教育要面向世界、面向未来、面向现代化。创业教育也必须以“三个面向”教育观为指导，与时俱进，反映时代精神，紧跟时代步伐。

《中共中央、国务院关于深化教育改革全面推进素质教育的决定》（下简称《决定》）中指出：“当今世界科学技术突飞猛进，知识经济已现端倪，国力竞争日趋激烈。教育在综合国力的形成中处于基础地位，国力的强弱越来越取决于劳动者的素质，取决于各类人才的质量和数量，这对于培养和造就我国二十一世纪的一代新人提出了更加迫切的要求。我国正处在建立社会主义市场经济体制和实现现代化建设战略目标的关键时期。新中国成立 50 年来特别是改革开放以来，教育事业的改革与发展取得了令人瞩目的巨大成就。但面对新的形势，由于主、客观等方面的原因，我们的教育观念、教育体制、教育结构、人才培养模式、教育内容和教学方法相对滞后，影响了青少年的全面发展，不能适应提高国民素质的需要。全党、全社会必须从我国社会主义事业兴旺发达和中华民族伟大复兴的大局出发，以邓小平理论为指导，深化教育改革，全面推进素质教育，构建一个充满生机的有中国特色社会主义教育体系，为实施科教兴国战略奠定坚实的人才和知识基础。”《决定》中指出：“高等教育要重视培养大学生的创新能力、实践能力和创业精神。”这一要求反映了我们对现代教育思想的认识进一步得到了深化，切中时弊。因此，高等教育的改革，理所当然要把创新意识、创业能力的培养放在最为重要的位置。

从2000年起，我国大学生教育进入新的发展阶段和增长周期，并且随着学校的不断发展和招生规模的扩大，必将取得更快的进展。在发展大学生教育规模的同时，进一步加强大学生素质教育显得尤为重要。其中，创业意识、创新精神和创业能力的培养是大学生教育的最高层次和最高要求。以创新与创业教育的理论研究与实践为中心，抓住素质教育的这一关键问题，因而具有重大的现实意义。

3. 以科学的发展观理论为指导

科学发展观是在党的十六届三中全会的决定中正式提出的，是以胡锦涛同志为总书记的党中央领导集体贯彻落实邓小平理论和“三个代表”重要思想，对共产党执政规律、社会主义现代化建设规律、人类社会发展规律的认识进一步深化。科学发展观同毛泽东、邓小平、江泽民同志关于发展的重要思想是一脉相承的，是与时俱进的马克思主义发展观。

落实科学发展观要求实现“以人为本”。坚持以人为本是党的十六届三中全会《关于完善社会主义市场经济体制若干问题的决定》提出的一个新要求。“坚持以人为本，树立全面、协调、可持续发展观，促进经济社会和人的全面发展”①。这一新论断，深刻阐明了中国共产党人新发展观的本质特征，是对马克思主义人的全面发展理论的继承、丰富和发展。以人为本就是把人作为社会的主体和中心，在社会发展中以满足人的需要、提升人的素质、实现人的发展为终极目标。马克思指出：“人的本质不是单个人所固有的抽象物，在其现实性上，它是一切社会关系的总和”②。从人的社会属性来看，以人为本，就是要创造公平公正的社会环境，尊重人的民主权利，维护人的尊严，关心人的感情需要，满足人的自我实现的需要等。

现代化建设的实践表明，真正制约我国经济和社会发展的决定

---

① 本书编写组，编．〈中共中央关于完善社会主义市场经济体制若干问题的决定〉辅导读本［M］．北京：人民出版社，2003：3.

② 马克思，恩格斯．马克思恩格斯选集（1）［M］．北京：人民出版社，1995：56.

性因素，不只是物质基础的薄弱，也不仅是科学技术的落后，更重要的是人力资源没有得到很好的开发和利用。我们缺少大批受过良好教育、训练有素的劳动力、科技专家、企业家和管理人员，目前又出现了受过良好教育的大学生“就业难”现象，造成人力资源极大的浪费。胡锦涛总书记在全国人才工作会议上阐明党的科学人才观时强调指出：“要牢固树立人才资源是第一资源的观念，充分发挥人才资源开发在经济社会发展中的基础性、战略性、决定性作用。要牢固树立人人都可以成才的观念……要牢固树立以人为本的观念，把促进人才健康成长和充分发挥人才作用放在首要位置。”因此，以人为本就是要把人力资源的开发作为我国发展的根本动力和根本途径。我们要通过实施科教兴国战略，把发展转移到提高劳动者素质和合理利用人才的轨道上来，努力通过人力资源的开发和利用，为我国的经济发展、文化发展和政治发展，提供强大动力。

胡锦涛同志曾经指出：“一个有远见的民族，总是把关注的目光投向青年；一个有远见的政党，总是把青年看做推动历史发展和社会前进的重要力量。我们的民族就是这样的民族，我们的党就是这样的党。”为全面建设小康社会而奋斗，我们的创业教育必须以科学的发展观为指导，教育大学生正确处理好理想与事业，成长与成才，务实与开拓的关系，全面科学地规划自己的人生，提升素质，历练能力，在全面建设小康社会的伟大进程中，实现自身的理想与价值。

总之，在科学发展观指导下，加强对大学生的创业教育既是一个重大的理论课题，又是一项艰巨的实践任务。高等院校要用科学发展观指导工作，为实现大学生的全面发展付诸切实的行动。

（二）开展创业教育的现实依据

1. 落实党和国家教育方针的重要举措

1998年召开的世界高等教育大会强调指出：“为方便毕业生就业，高等教育应主要培养创业技能与主动精神；毕业生将愈来愈不再仅仅是求职者，而首先将成为工作岗位的创造者。”要“使他们不仅成为求职者，而且逐渐成为工作岗位的创造者”①。1999 年 6 月 16 日，新华社公布了《中共中央、国务院关于深化教育改革全面推进素质教育的决定》，根据当今世界科学技术突飞猛进，知识经济初现端倪，国际竞争日趋激烈的现实，以及教育在综合国力形成中的重要作用，对造就和培养 21 世纪的一代新人提出了新的更高的要求，《决定》指出：“高等教育要重视培养大学生的创新能力、实践能力和创业精神”。培养创业精神是对高等教育的新要求。

2. 开展创业教育是时代和现实的必然要求

21 世纪是知识驱动经济的世纪，是以知识经济占国际经济主导地位的世纪。其特征是经济增长从依赖自然转向依赖知识和科学技术。知识是比原材料、资本、劳动力、汇率更为重要的因素，知识成为真正的资本与首要财富。因此，科学技术和社会经济的发展，以信息技术为标志的知识经济时代的高科技产业的发展，将成为一个国家国际竞争力的主要决定因素。知识经济的本质在于创新，高新技术产业的发展状况是一个国家国际竞争力的主要决定因素，是整个社会经济发展的内在驱动力。这不仅需要大批的、具有高素质的、富有创新精神和创造力的人才，更需要有敢于冒险的企业家精神和企业家队伍，需要大批具有科学精神的企业家，而人才培养和队伍培育的责任，责无旁贷地落到了由各类高等学校共同支撑的中国高等教育上。中国的高等教育将由 20 世纪的社会经济的边缘走向新世纪的社会经济的中心，这种地位的历史性变化，将使高等教育迎来新的发展机遇和新的挑战。1998 年，在巴黎召开的世界高等教育大会上通过的《世界高等教育宣言》中指出：“人类正走向知识社会，高等教育面临着巨大的挑战，必须进行历史上从未要求它进行过的最彻底的变革和革新。”

在社会主义市场经济环境下，高等学校培养的人才必须为社会主义市场经济服务，必须适应社会主义市场经济的需求。我国是在知识经济时代和全球经济一体化进程中加入世界贸易组织的，现在，

① 唐德海，常小勇．从就业教育走向创业教育的历程［J］．教育研究，2001（2）．

全国各行业正面临日趋激烈的国际竞争。适应时代发展需求的行业及从业人员质量与参与国际竞争的要求还有很大的差距。要适应知识经济和入世的挑战，更好地参与国际竞争，就必须培养更多具有高素质的创新、创业型人才。因此，加强创新创业教育已经成为我国全面建设小康社会的强烈呼唤，在这一强烈呼唤的氛围中，开展创新创业教育，就成为了我国各高校责无旁贷的责任。

3. 开展创业教育是高等教育改革深化的必然趋势

21 世纪，高等教育面临的最严峻的挑战，是我国高等教育大众化趋势的呈现。高等教育大众化理论源于美国著名学者马丁·特罗，他在《大众化向普及高等教育的转变》和《高等教育的扩展与转化》中，提出了高等教育发展阶段的理论：当一个国家适龄青年中接受高等教育人数的比例在 15% 以下时，属于精英教育阶段；15% ~50% 为大众化教育阶段；50% 以上为普及化教育阶段。通过“九五”期间高等教育的办学体制改革、内部管理体制改革、教育理念的更新、人才培养模式改革、专业和课程体系改革、后勤社会化改革等一系列措施，使中国高等教育改革不断走向深化。同时，随着高校的扩招，到 2009 年，我国高校毛入学率已达到 23.4%，即进入大众化教育阶段。在大众化教育时期，我国的高等教育的内外部行为也在发生深刻的变化，其中大学生的从业地位已经由稀缺抢手、国家包分配的精英人才地位过渡到普遍的、大众人才的、被挑选及自谋职业的地位。我国高等教育大众化趋势必将对高校产生长期的影响，使高等教育面临一次重大转轨。首先，高等教育不再是少数人的特权，而是越来越多人走向社会的必经之路，是一种大众教育。这样一来，社会成员的创造力和创业能力的普遍提高就成为现代高等教育的根本职责。其次，知识经济和信息化时代的来临、国际化全球化趋势的强化，导致市场经济条件下社会的产业结构、社会分工、社会层次和社会地位、职业和工作岗位的不断变化，在这种情况下，一般意义上以自主择业和守业为特征的教育也有一定的局限性。而创业教育的提出和探索是中国高等教育在信息化和全球化背景下走向深化的必然趋势和重要标志。高等学校各个方面的教育教学改革最终要通过人才培养目标同社会需求与发展的关系体现出来，而“创业教育”强调学生的竞争能力和择业能力，它进一步要求高等教育面对信息时代和知识经济时代社会的快速发展和急剧变化，以创新性和创造性为基本内涵，培养学生自觉预测变化，积极应对变化的自主创业的能力和素质。

在传统教育中，教育仅仅是作为文化传递与延续的载体而存在，而创业教育是在普通文化的基础上，提出新的更高的教育要求，注入新的教育内容，寻求新的结合实践活动的途径，培养一代既能动脑又能动手，既有开创精神又有一定创业能力，既能从事一般生产劳动又能从事某种开拓性的创业活动的劳动者。这就把教育综合改革的目标提高到了一个新的更高的层次，开拓了一个新的研究和实践领域，为教育理论提供了新的研究视角，将成为高等教育发展的一个新的生长点。

因此，创业教育的提出和探索就是中国高等教育改革在知识经济时代背景下走向深化的必然趋势和重要标志。作为处在中国高等教育改革前沿的各类高等学校，随着教育改革的深入发展，其为社会经济培养人才的功能也将不断深化，由过去计划经济条件下的精英教育转化为现今市场经济竞争条件下的大众化教育，虽具有一定的积极作用，但随着以信息为载体的知识经济时代社会的快速发展和急剧变化，培养学生以创新意识、创造精神为基本内涵的，具有预测、应变、自主创业能力和素质的创业教育势在必行。面对这种时代要求，以知识为背景的、积极的、主动的创业教育必然成为高等教育发展的新趋势。

（三）创业教育研究的实践意义

1. 创业教育是发展社会主义市场经济的内在需要，对市场经济的发展有着积极的意义

一种新的教育思想的提出，表明了教育与时俱进的特性。当人们意识到教育的内容、形式、手段与所培养的目标不相适应的时候，人们就会调整或改变教育的内容、形式与手段。创业教育的提出就是教育对社会变革作出的选择。

在计划经济体制下，由于社会组织管理的高度集权化，社会生产交换与分配的高度计划性，人们的社会职业、角色以及社会对某一社会成员的知识结构、工作技能的要求往往是单一的、固定的。人才培养是“一个萝卜一个坑”地按照计划进行的，注重专业对口，就业方式是统包统分，学生的这种被动性，使学生只能消极地对应现有岗位的要求，无法发挥个人的优势和才智，因而造成了智力资源的闲置与浪费。这势必导致高等教育在办学思想和人才培养目标上过分强调人才的专业性、技术性，强调统一规范，训练学生认同服从，培养学生对社会、对环境的消极的对应，而不是积极地去适应。

在市场经济体制下，传统教育模式受到了强烈的挑战。为适应社会变革，就要从根本上改革教育的功能定位，变封闭式的教育为开放式的教育，变适应性教育为创造性教育。一些职业会随着新行业、新岗位的涌现而增加。而这些新行业、新岗位的开发归根结底是要靠具有创业能力的人才共同承担和努力。这就要求教育要培养具有宽阔的视野、善于捕捉信息，有果断的决策能力，敢想敢干，勇于创新，有经济头脑、注重经济效益，善于社会交往的人才。这些素质的培养正是创业教育的目标所在，适应了社会主义市场经济对人才培养方面的诸多需求，对市场经济发展有着积极的意义。

创业教育能为发展经济提供服务。当今世界的经济竞争很大程度上表现为科技的竞争。人类知识经济时代的到来，使整个社会经济结构、经济关系和人的习俗观念发生巨大变化。高新技术产业的发展，不仅带动国民经济快速增长，辐射和拉动其他产业，而且对综合国力的提高与社会财富的增加起着关键的作用。

创业是经济增长的重要动力和经济发展的“寒暑表”，新创办企业的数量被认为是衡量一个国家经济是否处于成长期的一个重要指标。有关研究也证明：创业与经济增长之间存在促进关系。创业活跃的地区也是经济增长快的地区①。

① 杨艳萍．创业学［M］．长沙：湖南大学出版社，2004.

在我国，改革开放三十余年来，中小企业迅速崛起，在数量和质量上不断提高。以工业为例，截至2009年9月底，全国中小企业达1 023.1万户，占全国企业总户数的99.6%。中小企业创造的最终产品和服务价值占国内生产总值的60%左右，上缴税收约为国家税收总额的50%，提供了75%以上的城镇就业机会。对GDP的贡献超过60%，提供了近70%的进出口贸易额。中国65%的专利、75%以上的技术创新、80%以上的新产品开发都是由中小企业完成的。新创的小企业是中国经济新的增长点，对中国经济的持续高速发展起到了重要的作用。而这些中小企业，正是大量的创业者通过艰苦的创业活动建立起来的。

尽管如此，我国目前的创业活动与GDP（国内生产总值：Gross Domestic Product）增长速度并不匹配，创业活跃程度低于经济增长的要求。为了继续推动经济高速增长，中国需要进一步推动创业活动的开展，进一步加强创业教育、创业培训的实施。

2. 高校创业教育是缓解就业压力的有效手段之一

高校培养的人才是为社会主义市场经济服务的，市场经济的重要特征是竞争，中华民族要在世界竞争中立于不败之地，必须培养具有开创性的个体和群体，从而建构和塑造整个民族的开创性性格，以适应多变的国际环境和应对未来世界的挑战。知识经济时代高科技产业的发展状况是一个国家国际竞争力的主要决定因素，这就要求高校应把培养具有创业精神、创业能力的创业型人才放在首位，从科教兴国的战略高度来认识创业教育的重要性。因为从现实看，经济的发展对传统工作岗位已造成冲击，未来工作岗位将越来越脱离传统的模式和要求，更多潜在的或前人未涉足的新型岗位会不断涌现，而未来的新型岗位必须由具有创业意识和创业能力的人才来开拓。只有培养更多高素质创业型人才，才能使中国特色的社会主义事业在更高层次和更广的领域直接面对全球技术、信息和资本市场的竞争。而长期以来高校培养的大多是传统的就业型人才，他们缺乏创业意识和创业能力，难以在充满机遇和挑战的社会环境中更好地开拓事业。必须通过创业教育，挖掘大学生的创业潜能，培养大学生勤奋进取、开拓创新的个性，使大学生由知识的拥有者变成直接为社会创造价值的创业者，由被动的就业者变成工作岗位的创造者。

高等教育大众化使大学生就业问题更为突出，从高校毕业生规模看，总量大、增幅高是突出特点，高校毕业生人数和待业人数屡创新高。伴随我国知识经济的发展和产业结构的调整以及资本有机构成的不断提高，职业智能化水平不断提高，岗位所需要的从业人员不断减少。目前，我国已经处于劳动力总量供大于求的状态，大学毕业生不可能每个人都找到合适的就业岗位。大学生就业难表面上看是由于产业型所致，实际上反映了人才培养规格和模式上的缺陷。

因此，在严峻的就业形势下，单纯靠传统的就业方式将难以缓解毕业生的就业压力，这就要求高校转变传统的教育思想和教育观念，树立现代教育思想，改革人才培养模式，培养具有创新意识、创造精神和创业能力的个体和群体，这就要求高等教育在创业能力、择业能力和适应能力上下工夫，为社会输送大量具有创业能力和素质的毕业生。周济部长在2006年全国普通高校就业工作会议上指出："要鼓励、支持、扶助大学生自主创业，充分发挥大学生创业带动就业的倍增效应，要大力提倡并积极扶持毕业生自主创业。国家要进一步完善相关政策，鼓励地方出台更加优惠的政策措施。高校要积极开展创业指导服务，在就业指导课程体系中加大创业内容的比重。对有创业愿望并具备创业条件的高校毕业生要给予积极支持，及时提供创业培训、开业指导，项目开发、小额担保贷款、跟踪扶持等'一条龙'服务，鼓励有条件的地方对自主创业和灵活就业毕业生实行减免税费政策。"我们试想：一个大学生创业的成功，可以带动几个甚至一批大学生或待业人员的就业，如果社会上形成了大学生创业的氛围，则将大大缓解大学毕业生的就业压力。从这个意义上来说，学生自主创业就成为拓展就业渠道的新途径，为新产业、新行业的创建和就业岗位的出现，提供了基地和思想的源头。因此，培育大学生创业精神和创业技能，提倡和鼓励大学生自主创业为缓解就业压力提供了一定的保障，对解决大学生就业问题有着极为重要的现实意义和深远的社会影响。

3. 开展创业教育有利于高新技术成果产业化

科技是第一生产力，但要发挥出这一生产力的作用，一是要促进技术创新的发生；二是要促进科技成果快速、顺利地转化为现实的生产能力。

实施创业教育不仅能解决大学生就业难的问题，更主要的是通过创业人才培养，促进高新成果产业化，不仅带动国民经济迅速增长，还能通过辐射产生经济链，拉动传统产业，对综合国力的提高起着关键性作用。

科教兴国已成为我国的既定国策，加强知识创新和技术创新，发展高科技，实现产业化，是我国经济发展面临的深层次的问题，是提高国民经济整体综合实力，实现跨越式发展的紧迫要求，也是应对国际竞争，确保中华民族在新世纪立于不败之地的战略抉择。但是我国科技产业化的状况与先进国家相比存在着相当大的差距，全国每年有专利技术 7 万多项，省部级以上科研成果 3 万多项，但转化为商品并形成规模效益的仅占 10% ~ 15%，而发达国家达到 60% 的水平，即使是在北京中关村这样一个人才密度远高于美国硅谷的地方，科技成果转化率也仅有 20%，而美国硅谷却高达 60% ~ 80%。据科技部提供的资料表明，目前全国 5 100 家大专学校和科研院所，每年完成的科研成果近 3 万项，但其中能够转化并批量生产的仅有 20% 左右，形成产业规模的仅有 5%①。一方面，大量的科技成果得不到应用，被闲置在实验室或资料堆里，许多科研机构和科技人员因成果无人购买、采用，使其经费缺乏的矛盾更加突出，形成恶性循环。而另一方面，我国的许多企业因技术落后，效益下降，没有竞争力，甚至面临关门倒闭的危机，却得不到起死回生的技术成果。这种局面有经济体制和科技管理体制上的诸多复杂的因素，同时教育的缺陷也是重要原因。其中，缺乏创业意识、创业技能是

① 杜娟．创业教育的理论范式与实践研究［J］．探求，2002（2）．

主要制约因素之一。由于缺乏创业意识和创业技能，使单纯的技术发明或创新没有创造动力，方向感也不强，因此难以转化；另外，不少科研单位的现有人员的知识结构不甚合理，研究开发力量虽强，但市场实现力量却极为薄弱，使科研成果也难以转化。为此，1999年春，科技部联合其他有关部委下发了《促进科技成果转化若干规定》，从政策上激励科技成果的转化；国家经贸委宣布其所属的200多个科研院所于1999年7月1日正式由事业单位转为企业，促使科技成果的直接转化。21世纪是知识经济时代，社会越来越需要更多的运作灵活的创新企业和产品，自主创业对科技成果转化的重要性越来越大。从这个意义上可以说，只有开展创业教育才能避免出现这种尴尬局面。进行创业教育，在培养学生发明创造能力的基础上进行市场实现能力的培养，使现在的学校里的学生，将来是社会上的科技人员，具有创业意识和创业精神，具有创业技能和主动适应环境、改造社会的能力，实现科技成果产业化，提高我国的科技创新能力，从而实现科教兴国战略。

4. 开展创业教育有利于引领大学生转变就业观念和拓宽就业思路

中国是有着五千年历史的文明古国，长期以来受着“学而优则仕”、“重仕轻商”的观念的影响，大学生的创业观念不强。我国的传统教育是管理型、封闭型的，在这种教育环境下，大学生的知识创新意识不足，普遍缺乏一种创新精神和冒险精神。加上太过于注重学习的过程与形式，而忽略了学习的目的，因而走出校园谱写创业史的更少。

创业教育作为一种新的教育理念和人才培养模式，通过其实施能使更多的大学生了解创业教育的深刻意义，认识到培养具有开拓性的创新创业型人才在当前形势下的重要作用。认识到自主创业是社会进步的需要，也是人生自我实现的需要，认识到创业是更高层次的就业。通过鼓励学生将创业作为自己职业的选择，并将自己的专业技能和兴趣特长相结合，创造出自己所期望的价值。通过开展创业教育有利于改变大学生传统的依靠被动就业、岗位就业和岗位维持的就业观念，能够促使大学生从被动就业走向积极创业的现代就业意识，带动社会整体就业观的转变。

高校实施创业教育不仅让学生了解到知识资源、信息资源、文化资源是现代社会创造财富的资源，更懂得知识资源、信息资源、文化资源的开发和利用更需要有知识、有能力、有创业愿望、有能力创业的人才。让学生懂得就业岗位不仅仅只限于现存的、等量的投资所创造的岗位，要破除“官本位”、“铁饭碗”等传统就业观念，拓宽就业思路，树立多元化的就业观。

5. 创业教育有利于提高大学生的创业素质和高素质人才的培养

创业是一项极具挑战性的社会活动，一个人要想创业成功仅有创业热情是不够的，必须具有良好的创业素质。创业教育的实施不仅使学生能够积累创业知识和经历创业体验，而且教会学生把知识转化为商业意识、产业意识和个人内在需要，形成正确的创业思想，从而提高学生的创业文化素质、思想道德素质、心理素质和个性品质，为学生把知识变成财富提供准备。

中国创业研究中心的调查表明，我国的创业者受到的教育程度低，更没有受到创业教育的熏陶，有创业热情，却没有创业理性，缺乏创业的知识和技能①。改革开放之初，在我国率先创业的人多数是城乡无业人员，一般文化偏低，素质不高。他们的创业往往是为了生计，迫于无奈。仅有小学文化程度的老板雇佣博士、教授的事不乏其例。事实上，随着人们观念的更新和思想的解放，近年来创业者队伍里高学历、高素质的人逐渐多了起来，但是素质低的创业者仍大有人在，且数量不在少数，直接影响着创业者队伍的整体形象和创业水平。要改变这种状况，使创业者从观念到素质都得到提高，就需要进行创业教育。

在高校开展创业教育，有利于创业人才的培养，提高我国创业者队伍的整体素质和创业水平。创业教育意味着教会学生逐步具备自己开创业绩的素质、知识和能力等必要条件。创业是一种创造性

① 欧阳晓．关于大学生创业教育的几个问题［J］．中国高教研究，2002（8）．

劳动，创业成功的关键在于能够开拓创新。通过创业教育，大学生将全面理解创新的作用与价值，深刻领会创新对于创业的重要意义，从而激发创新意识，自觉地开发创造能力。创业教育是创业的储备和实习阶段。在创业教育过程，大学生将从创业成功者的事迹中得到启发和鼓舞，并通过自己的社会实践的尝试与摸索，逐渐提高创新能力。当然，创业是一种非常复杂、十分艰苦的劳动。创业者需要敏锐的观察力、丰富的想象力和远见卓识，又需要有比较丰富的知识积累和比较扎实的业务基础。也就是说要创业者具有比较优秀的智力因素。创业的过程往往不会是一帆风顺的，在这一过程中创业者的理想、抱负、信念、意志、毅力等非智力因素都将受到严峻的考验，创业的成功往往要经过克服种种困难，长期坚持不懈的努力。总之，创业教育是创业的预演，能使大学生在走上社会之前就经受相关锻炼，从而逐步完善智力因素与非智力因素，达到优化素质的效果。它可以改变目前中国创业者普遍缺乏的创业知识和技能的状况，虽然不能保证教出企业家，但经过教授与创业相关的知识和技能是能激发人的创业潜能，提高企业家精神水平的。创业需要综合素质较高的人才，因此，创业教育是建立在素质教育基础上的新型人才培养模式。同时，创业又是一种创新，需要有智慧、视野开阔、知识面广泛，既懂专业知识又有组织能力和良好的人际关系与合作精神的人来实现。具有创业能力的人应具备管理者、企业家、社会活动家的能力。创业教育可融汇在素质教育、创新教育之中。应把对创业人才的素质和能力的培养，作为一种具体、特殊的教育模式进行研究，从而使学校素质教育、创新教育得到深入和具体化。

6. 创业教育有助于创业企业的顺利产生和对风险的防范

创办一个新的企业，对大学生来说，是一项复杂的工作。一个企业从无到有的产生和发展的整个过程，包括创业项目市场调查与分析、选定创业项目、拟订创业计划、组建创业队伍、筹集创业资金、选择创业场所、确立组织结构和管理制度、办理创业相关法律手续、确立企业经营基本策略及企业成长与发展管理策略等一系列的内容，每一项内容又包含很多的注意事项、成功的经验和失败的教训等。如果每一个创业者都能够事先接受这样的创业知识教育，必然会加快整个创业的进程，少走不少弯路。所以创业教育会有助于创业企业的顺利产生与发展。

任何企业的发展过程都存在风险。一个创业企业要想在市场风浪中站稳一席之地，必然要经受各种各样风险的考验。从理论上讲，风险与收益并存，风险越大，收益也就越大，风险越小，收益也就越小。但是作为一个刚走出校门的大学生，无论是在财力上还是在精神上，承受风险的能力十分有限。所以必须把风险控制在自己能够承受的范围之内。否则一旦失误将淹没在市场风浪中。大学生创办企业的成功率很低，存活时间短暂，说明了创业者风险防范意识和风险防范手段的匮乏。创业教育的重要内容就是要培养创业者的风险防范意识。避免创业者盲目乐观，促使他们正确冷静地分析市场局势，了解决策带来的收益和可能承受的后果及损失，认识到风险对创业企业的重要性，并通过相关政策、法规的系统学习，使创业者能够掌握风险防范的基本方法，增加创业成功的可能性。

7. 创业教育有利于开创性精神的培养

创业教育的培养目标就是丰富大学生的创业知识，激发大学生的创业兴趣，形成一定的创业能力，完善大学生成才模式。具体说即是：第一，强化学生的创业意识。主要是强化学生的自主意识、竞争意识、风险意识、成功意识、诚信意识、开拓创新和锐意进取、自强不息的意识，一种把创业作为大学生更好成才模式的意识。第二，塑造学生的创业精神。即塑造学生要有一种解放思想，知难而进，艰苦奋斗的精神；一种不怕困难，不怕挫折，勇往直前的精神；一种白手起家，忍辱负重、敢为天下先的精神。第三，提高学生的创业能力。概括起来，就是提高学生创新能力、策划能力、组织指挥能力、控制协调能力、企业经营管理能力等。第四，健全学生的创业心理。创业心理是创业活动成败的调节器。这些对大学生创业都是应该具备的非常必要的素质。可事实上，如今许多用人单位（尤其是大公司）对员工的要求不断升级，似有向“准创业者”素质要求靠拢的趋势。以世界著名的宝洁公司为例，他们对雇员的要求完全可以用在创业者身上（见下表）。

宝洁公司的人才标准表

强烈的进取心	具有极强的主动性，能坚韧不拔、独立自主并以极大的热情做好自己的工作。
卓越的领导才能	在对别人具有影响力的同时，也善于以客观的态度吸取别人的建议、反馈。
较强的分析能力	能对瞬间万变的商业竞争及时作出反应。
创造性	能发现新的思维方法、新的工作方式、达到某个目标的最佳途径。
优秀的合作精神	懂得如何激发热情，从而在工作中最好地发挥个人及集体的作用。
正直的人格	按照宝洁的“公司信条”来工作，在每天的工作中都努力遵循诚实和正直的原则。

资料来源：《人才市场报》（上海）1999 年 12 月 14 日。

因此，为适应多变的国际环境和应对未来世界的挑战，高校应该培养具有开创性的个体和群体，从而建构和塑造整个民族的开创性性格。作为培养人才摇篮的高校，应把培养具有创业知识、创业心理、创业能力的创业型人才放在首位，要从科教兴国的战略高度来认识创业教育的重要性，从而促进我国高等教育健康稳步的发展。

8. 开展创业教育是引导大学生全面发展的必然要求

高等教育的基本功能之一是使人社会化。社会化强调人对社会的适应。对于大学生本人来说，为了获取更多就业机会，在具备基础理论知识和专业知识、掌握基本技能和专业技能的同时，还需要学习一定的创业知识和技能，因此，高等教育还必须发挥教育的开发人的创造潜能的功能，由过去主要培养学生的适应能力和求职能力的就业教育转向培养学生创新意识、创业精神和创业能力的创业教育，促进学生全面发展。学生进入大学，就注重激发学生的创业欲望，培养创业精神，帮助他们打消“等、靠、要”的依赖思想，采取渗透和结合的方式进行创业知识传授和创业能力培养。这样使学生在毕业时具备生存能力、竞争能力，既可去寻找合适的就业岗位而就业，又能在求而不得或为了寻求更好的自我发展机会时走向自主创业的道路。

大学生的成长不仅是知识的增多，还应有能力的增强，包括适应社会的能力、开拓创新的能力、应变的能力，等等，这些能力对大学生以后走出“象牙塔”、走向社会、顺利地进入工作状态很有帮助，而创业教育能够帮助他们了解和适应社会，帮助他们具备一定的受挫心理品质，懂得一定的人际交往技巧等。所以，即使对于那些不打算创业的大学生来说，创业教育的开展无疑对他们的成长也是很有益处的。而成功对每个人来说都是极具诱惑力的，现代人越来越重视自身的人生价值。创业正符合了大学生实现自我价值和张扬个性的要求。著名心理学家马斯洛认为，一种潜能即一种价值，潜能的实现即价值的实现，个人创造潜能的发挥，是人的最高需要，是个人价值实现的最高境界。而自主创业则是大学生实现自我价值、走向成功的绝好方式。再加上在当今中国，创业企业已逐渐转变为由具有较高知识水平的创业者创办，知识与管理已经成为重要的资本参与企业的分配。一个国家知识密集型企业所占比重的大小，往往反映出这个国家科技实力与综合国力的强弱。知识密集型企业能够为社会带来相对较高的附加值，创造较大的社会财富。当代大学生了解科技革命的最新动态，掌握科技革命的最新成果，如果有一定的胆识，选择科学的投资方向和投资时机，就可以取得创业的成功。

因此，现代高等教育所要培养的人才应该是一种创业型的人才。他们具有较为夯实的基础和可持续发展的特征。创业教育不仅仅使受教育者具备从业应聘的能力，更要使受教育者有自我创业的意识和技能。创业教育所培养的人才应该是高创造性的、具有良好的人格结构和能够融合科学素养与人文素质，并在创业过程中能正确处理人与人、人与自然、人与社会的关系的人。真正成为服务于提高综合国力的充满活力和主动精神的社会个体和群体。因此，开展创业教育也是学生自我发展，实现自我价值的需要。

第二章　创业教育在国外的发展

创业教育在欧美等先进国家已有几十年的历史，一直深受重视，至今已经颇具规模。一些经济发达的国家，诸如美国、英国、法国、德国、日本、澳大利亚、印度等较早地重视创业教育，并在实践中取得瞩目成绩。迄今为止，创业教育已经成为世界性的教育新理念。

一、美国的创业教育

美国是世界上实行创业教育最成功的国家之一。自20世纪中期至20世纪末期，美国大学创业教育飞速发展，在创业教育领域创造和形成了大学出人才、企业出项目、基金会出钱、研究中心提供指导的合作研究和咨询模式的较为完善的体系结构，并取得了显著成效。

（一）美国创业教育的历史发展

纵观美国高校创业教育的历史发展进程，可分为三个阶段：20世纪80年代之前的探索阶段；20世纪80—90年代的逐步完善阶段；20世纪90年代后的成熟化阶段。

1. 20世纪80年代前的探索阶段

美国之所以成为世界上实施创业教育发起最早、程度最高、最普及的国家，与其早期开展的相关研究密切相关。1913年，熊彼特到达美国后先后在哥伦比亚大学和哈佛大学任教，1934年，他的经典著作《经济发展理论》一书译成英文，他最早将创新和企业家联系起来，在土地和劳动要素的基础上，将企业家要素独立出来，承认企业家在经济发展中的作用，他认为实现“新组合”的创业者是经济发展的首要推动者，而经济发展的重要机制就是创新。1945年，Rudolph Weissman在《小企业和风险资金》中，首次强调小企业在经济中的重要性，并在风险资金领域作出了开创性的尝试。这些论著为创业课程的开设提供了理论基础。1947年，哈佛大学商学院的迈赖斯·马斯（Myles Mace）教授率先开设了一门创业教育课程：《新创企业管理》（Management of New Enterprises），共有188名MBA学生参加了这门课的学习。这被众多的创业学研究者们认为这是创业教育在大学中的首次出现，是美国大学创业教育的第一门课程。虽然课程稳固下来并受到学生们的欢迎，但是，因为1945年—1970年间是美国的大工业时期，经济高速增长，大公司繁荣发展，美国的工业文明发展到了前所未有的高度，而小公司则不断减少。因此，创业教育缺乏茁壮成长的土壤，所以，在随后的20多年中，大学中创业教育并没有得到很快的发展，甚至最先开设创业课程的哈佛大学教授也因为担心创业领域没有很好的学术发展前景，而把研究方向转到大企业的董事会上去了。因此，直到1968年，美国只有4所高校开设了创业方面的课程。

1967年，斯坦福大学和纽约大学开创了现代的MBA创业教育课程体系，这些课程专注于财富创造和企业创建。1968年，百森商学院（Babson College）第一个在本科教育中开设创业方向（Entrepreneurship Concentration）。南加州大学于1971年提供了有关创业的工商管理硕士学位。由此，创业教育开始在美国萌芽。在1969—1970年两年期间，美国又有12所大学新开设了创业方面的课程。1973年，东北大学开设了美国第一个创业学本科专业。1973年，中东石油危机引发了战后最严重的世界性经济衰退，世界各国相继出现了大批企业倒闭、工人失业的现象，这种现象主要发生在年轻人中间。大批失业人员流入社会，引发大量的社会问题；青年失业危机进一步恶化和加深，导致世界许多城市出现了骚乱。在此背景下，创业教育便成了各国的战略选择。此时，美国经济出现了经济结构的转型，大企业提供的就业岗位日益减少，超过80%的新就业机会是由新创企业创造的。以比尔·盖茨为代表的创业者们掀起了“创业革命”，对美国的创业教育起到了巨大的催生和促进作用①。因此，到1979年，有263个中学后教育机构提供创业和小企业课程，但是这个阶段的大学创业教育课程还没有形成系统性，开设的课程也比较零散，有的是在MBA学生中开设，有的仅限于研究生，有的是在本科生中，主要是针对个人创办的小企业进行培训，创业研究也刚刚起步，集中于对创业者人格特质的研究，缺乏对创业过程的认识，创业教育在教学内容和方法上未能完全突破传统的管理教育，而是以专门技术知识为主要内容的课堂教学。

2. 20世纪80—90年代的逐步完善阶段

80年代，美国的创业环境逐渐成熟，大学创业教育获得快速发展。首先，政策决策者认识到小企业是新的工作岗位、出口和创新的关键提供者；其次，人们不再过度夸大创业投资失败的风险，创业不被认为只是少数人的专利，而成为中产阶级和低层阶级累积财富进入主流社会的途径之一；第三，信息技术为企业低成本进入提供了机会。因此，在20世纪70年代以后，创业学成为美国商学院和工程学院中发展最快的学科领域。1977年时只有50～70所学院和大学开设与创业有关的课程，到1980年有163所院校开设了创业课程。1984年开设创业课程的学校的数量已增加到260所，1997年大约有400所商学院开设创业课程，125所商学院设置了系统的教学计划。到1999年大约有1 100所学院和大学开设了这一领域的课程，其中许多学院和大学还开设了创业学或创业研究专业。美国还设立了国家创业教学基金。一流理工大学的学生中有30%的同学有独立创业志向，斯坦福大学、麻省理工学院等著名学府中，优秀学生的首选就业目标就是自己创业。

美国大学创业教育的发展完善，还表现为创业中心的建立。百森商学院创业研究中心成立于1979年，仁斯里尔理工学院新技术创业中心成立于1988年。由于创业课程主要设置在商学院中，与当时

① 邓汉慧，刘帆，赵纹纹．美国创业教育的兴起发展与挑战［J］．中国青年研究，2007（9）．

大学里管理课程的内容和方法有很多重复和相似之处，因此很多大学成立了创业教育中心，开展针对创业者以及创业过程而不是企业管理者的课程、项目和教学方法的研究。美国的创业中心的主要任务是提供创业教育，组织开展创业的学术活动，并通过一些外延拓展活动加强与外界的联系。创业中心都拥有一个由当地或国际的创业家组成的智囊团，为创业活动提供咨询并帮助其获得外部关系，为学生提供实习场所及工作，为创业融资等。同时，使教师培训工作得到快速发展。1985 年创立的“普莱兹—百森项目”，旨在通过组织成功创业者和富有经验的教师一起教学来提高教学和科研水平。这项独特的新举措创造了一种机制，使得大学吸引并支持企业家与创业学教育者共同参与教学。目前，已经有来自美国及其他 34 个国家大约 340 所大学、学院，超过 1 000 多名创业学教育者与企业家参加了这个项目。该项目还衍生出了伯克利分校的“普莱兹—百森项目”，并正在美国以外不断地发展。

创业计划大赛的举办，是此阶段创业教育的另一个新亮点，体现了创业教育的实践性特征。1983 年，奥斯汀的德州大学举办了首届大学生创业计划大赛（Business Plan Competition）；1986 年，迈阿密大学首次举办了一次全国性的商业计划大赛。此后，包括麻省理工学院、斯坦福大学等许多世界一流大学相继举办这类竞赛，并从中衍生出许多学生自己创办的公司，特别是麻省理工学院的“5 万美金商业计划大赛”被认为是美国第一商业计划竞赛。从 20 世纪 90 年代起，每年都有 5 ~6 家新的企业从这项竞赛中诞生。据麻省理工学院 1999 年的一项统计显示，该校毕业生已经创办了 4 000 个公司，对美国特别是麻省的经济发展作出了重大的贡献。如今，美国表现最优秀的 50 家高新技术公司有 46% 出自麻省理工学院的创业计划大赛。创业竞赛为学生提供了进行创业教育的一项好形式，非常有利于学生毕业后自主创业。

这一时期，高校为了更好地培养学生的实践能力，将创业教育与企业密切联系，以增强教育的特色和实力。进行创业教育的很多教师是具有高等教育背景的企业家，他们具有理论和实践知识，懂得如何通过自己的努力去创办工厂和公司。贝勒大学的创业教育特色是以家族企业的创业为主；卡耐基梅隆大学以创业学研究而著称；德克萨斯大学的IC2学院和仁斯里尔理工学院的创业教育与创业孵化运作以及科技园的发展计划密切相关而出名；科罗拉多大学的创业教育中心由该大学的商学院和工学院联合创办；芝加哥的伊利诺大学的创业教育集中在“市场营销创业”课程上，该校于1982年成立了创业研究所。因此，创业教育重点关注的是创业的实践能力。

3. 20世纪90年代至今的成熟和合法化阶段

伴随着信息技术革命和知识经济时代的到来，90年代美国企业的生存环境发生了重大变化，产品生命周期缩短、不确定性增加、全球竞争的加剧等增加了企业的决策风险，企业必须在动态复杂的环境中识别和把握机会、承担风险并创造价值。创新和企业家精神研究从个人层面、组织层面和社会层面不断扩展，而西方的高失业国家纷纷实施“积极的就业政策”，即鼓励和奖励大学生各种形式的“非正规就业”或“主动就业”。同时，越来越多的人认识到新创企业是工作岗位、创新的重要提供者，创业板市场的发展减少了创业投资的风险，随着电子通信、网络为代表的知识经济在美国的快速发展，简化了创业的必备条件，提供了创业机会。在这种背景下，美国大学创业教育的发展进入一个新阶段，开设创业教育课程大学的数量不断增加，20世纪80年代，300所学校开设了关于创业和小企业的课程，而到20世纪90年代，开设创业课程的学校增加到1 050所。到2005年为止，美国共有1 600多个学院开设了2 200门关于创业的课程，成立了100多个有关创业的研究中心，累积了超过4亿4千万的基金资助，其中75%是1987年后资助的。44本学术性期刊和主流期刊就与创业相关的问题展开了讨论①。社区学院、初级学院和一些工程学院开始大量开设创业课程，甚至文理学院中也出现了此类课程。同时创业课程不再只是大学的选修课，有的大

① 邓汉慧，刘帆，赵纹纹．美国创业教育的兴起发展与挑战［J］．中国青年研究，2007（9）．

学将其设置为必修课。美国的创业教育经过了50多年的发展已经趋于成熟，正逐步形成一个完整的社会体系和教学研究体系，其内容涵盖了从小学、初中、高中、大学直到研究生的教育。

20世纪90年代创业教育开始培养创业学方面的工商管理博士，创业教育的学科体系已经完善。在创业教育的对象、内容和方法上也有了新的突破，与传统的商业教育有了显著的区别。如果商业教育的立足点是企业的经营管理，那么创业教育的适切性则缘于创办企业的不确定性，因此创业教育课程中开始包含培养沟通、领导、新产品开发、创造性思维、技术创新等技能的内容。创业教育与传统商学院相区别的课程还包括创业意识、创业者特质、风险资金的筹集、知识产权等内容。

创业教育的教学也逐渐突破课堂的局限，创造出一些实践性强的学习方式，如创业计划（business plans）、学生创办企业、向创业家咨询、计算机模拟创业、与创业者会面、案例分析、田野实践（fieldtrips）等。鉴于创业教育对象的扩大，由不同学科的教师组成的团队开发出针对非管理学专业学生的跨学科的创业教育项目。

创业教育获得了雄厚的资金支持。自1963年设立第一个捐赠的教席后，创业教育学科的资金已经超过了44亿美元，其中75%的资金是1987年后获得的。90年代末，股票市场的繁荣为创业教育获得了大量的捐赠资金。例如，自从1995年起顶级的几家商学院每年获得的捐赠高达1 000万美元。1995年，弗兰克林·欧林基金会赠予百森商学院3 000万美元，这是美国各商学院所受到的最大额赠金。除了捐赠教席外，创业教育还设置了校友奖学金、商业计划大赛奖金、论文奖学金等多项奖金。

进入21世纪，美国创业教育逐渐走向成熟，主要表现在两个方面：一是创业教育教师的准备。创业教育课程和项目的急剧增长，对教师数量与质量的要求相应提高了。目前，美国管理学会创业学部正着力推进创业学博士项目，为创业学博士生提供一个“博士论坛”，以促进他们在创业研究、教学及课程开发方面的工作。另一个教师培训项目是“创业教育者终身学习计划”，由考夫曼基金会与一些大学合作提供，每年为美国培养大批的创业学教师。二是社会对创业教育的关注程度日益提高。主要体现在一些著名的杂志如《美国新闻》、《世界报道》、《成功》及《创业者》等非常关注商学院的创业教育项目，其中《成功》及《创业者》每年都要进行全美创业教育项目的排名。这种做法已开始影响各校的招生情况与经济收入，并引起了各大学商学院的高度重视。

概而言之，表明美国大学创业教育进入成熟和合法化阶段的主要标志是：

（1）有两个广泛认同的课程——创业课程和小企业课程，几乎所有美国商学院促进学会（AACSB）认证的学院和1 000多个未经认证的学院提供此类课程。

（2）完整的学科基础设施，包括277个捐助的教席、100多个中心、44个学术期刊以及10多个专业组织，专业不断细化，专门的学术团体增加。

（3）外界媒介的参与，主要有《美国新闻和世界报道》及《商业周刊》对创业教育项目进行全国排名，美国小企业和创业协会（the United States Association for Small Business and Entrepreneur - ship）的国家精品课程评价项目对顶尖的创业学院给予奖励，4个顶级期刊（《创业与地区发展》、《企业风险杂志》、《小企业管理杂志》、《小企业经济学》）被编入社会科学引文索引（SSCI）。

（二）美国创业教育的特点

美国高校的创业教育不仅起步比较早，而且在课程体系建设、师资队伍配备、组织机构建设等诸多方面形成了自身的特色，取得了显著成效，其的主要特点是：

1. 政府重视，形成了创业教育的社会体系

在20世纪，创业教育已经成为美国大学——尤其是商学院、理工学院里发展最快的学科领域，美国政府为此专门设立了国家创业教学基金。通过民间非营利团体（NPO）与学校联袂对未成年人进行自立教育；美国中小企业管理局（SBA）对开业前的创业者进行技术支援等构成了民间组织、教育机构和政府等多层次相结合的体

系。这一创业支持制度充分发挥了 NPO 和大学等机构在技术和教育方面的作用。形成了以民间组织为主，以政府为辅，由教育机构参与的“民、官、学”三者相结合的特点。在创业阶段中，民、官、学三方支援主体有一定的分工与合作，形成了整个社会的创业支持体系。

在这几近完美的创业教育的支持体系下，美国的创业教育从幼儿园就开始，一直延伸到中学、职业教育、大学、研究生教育等。从幼儿园到高中都开设经济教育课程，通过案例教学，让孩子了解商品的价格是如何确定的，如何才能销售商品获取收益，让学生体验企业经营和股份投资，教育内容丰富多彩。目的是让孩子或学生认识经济自主的重要性，学会更有效地使用钱，让他们对经营有正确的理解，更加关心经营事业，培育创业意识。现在美国至少 30 个州的 K—12 年级的学生正在接受创业教育，百森商学院、德州达拉斯 Palu Quinn 学院每年夏天都为市内高中生进行为期两周的企业强化研习班，仁斯里尔理工学院则在附属中学开设创业课程。除此之外，美国还要求学生按照个人的兴趣自行学习某些职业技术技能。到高中阶段，每个学生必修 10 个学分的职业教育课程。美国从 1998 年开始，实行了《金融扫盲 2001 年计划》，向中学生普及金融、投资、理财、营销、商务等方面的超前教育，积极培养“未来的经理人”，可以说创业教育在美国已经形成一个相当完备的社会体系。

2. 拥有覆盖面广且完备的创业教育课程体系

美国高校的创业教育之所以取得了辉煌的成就，成为美国经济发展的直接驱动力，一个重要的原因是高校已建立起了完善的、各具特色的创业教育课程体系，使美国高校创业教育的实施具有鲜明的针对性与可操作性。

（1）创业教育课程覆盖面广。

1990 年以来，创业教育在全美范围内的高校中得到了认可。1998 年美国小企业管理局（SBA）的初步调查结果显示，全美已有 1 400 所大学在本科生中开设了创业或小企业管理课程。在课程开设层次上，Vesper 和 Gartner 在研究报告中指出，在 104 所开设创业教育课程的大学中，大约有55%在本科与研究生两个层次上开设了相关课程；30%的大学在研究生层次开课；只在本科生阶段开课的大学仅占15%。另外，在专业设置与学位授予上，也开始有越来越多的大学参与。根据Winslow和Solomon所做的1999—2000年度第七次全美创业教育项目“续贯调查”结果，已经有142所大学在本科或研究生院中把创业作为了专业领域，其中有49所学校设置了创业学位①。创业课程在美国高校广阔的覆盖面可见一斑。

（2）形成了具有完整且各具特色的教学计划与课程结构体系。

美国大多数院校都将创业作为一个专业领域或研究方向。就创业课程教学大纲而言，它将课程分为公选课程与核心课程。公选课程面向全校学生开设，基本内容涉及外国文化、历史研究、文学艺术、伦理道德、自然科学以及社会分析六大领域，体现科学教育与人文教育的有机整合。课程主要有《新生管理体验》、《组织内部的创业》、《家庭企业管理学》、《经营和税务》、《管理收购》、《创业企业营销》、《风险投资和成长资本》等，课程极富特色和创意，如《新生管理体验》课程，新生班级被分成若干团队，在教师指导下制订出创业计划，以团队的形式贷款3 000美元作为原始资本启动一家新公司，公司在学年结束时必须返还本金和利息，超过原始资本的利润成为大一年级学生开办慈善事业的基金。此类课程引起了学生极大的兴趣，并能在课程中获得巨大的成就感和自信心。核心课程是面向本科生和研究生开的，核心课程的内容要精练务实，课程体系包括战略与商业机会、创业者、资源需求与商业计划、创业企业融资和快速成长等，在此基础上再根据各校的特点添加一些组合课程。课程内容采用模块化的结构，主要由基本理论、案例分析和模拟练习等模块。这种系统化的课程设计，有效地保证了创业教育理念的落实和教育目标的实现。

虽然美国高校创业课程已经形成完整的体系，但是各个高校的

---

① 熊飞，丘筦华. 中美两国创业教育比较研究［J］. 北京航空航天大学学报，2005（4）.

课程规划内容并不是千篇一律，而是各有特色、各有侧重的。如，百森商学院、哈佛商学院、斯坦福大学、哥伦比亚大学等设立的创业教育计划都是综合性的创业教育；麻省理工大学、UC 伯克利分校、仁斯里尔理工大学等大学的创业教育是面向高科技创业；印第安纳大学 Bloomington 分校、Syracuse 大学、科罗拉多大学 Boulder 分校着重的是新企业创立和创新；路易斯安纳州立大学 Baton Rouge 分校强调的是家族企业、连锁经营以及妇女创业；华盛顿大学圣路易斯分校的创业教育计划重点是生命科学应用、大型机构创新和创业①。

3. 通过丰富多彩的第二课堂活动，进行探究性的教学方式的开展

所谓探究性的教学方式，是指在课堂教学的生态环境中，让受教育者成为一种主体要素，在与教师、教学内容以及教室环境等生态要素的协调作用中，成为教学过程的参与者与探究者。采用这种教学方式，有利于形成强化学生主体意识和发挥主观能动作用的创业教育环境。探究性的教学方式从创业教育理念出发，强调教师、学生与媒介等因素的整合。在这种整合中，课堂变成一种动态的、生长型的“教学生态环境”，教学变成个教学要素相互之间持续互动的动态过程②。

美国很多商学院在设计教学内容时，都是以现实创业环境的状况作为教学的切入点，自始至终把典型的创业案例分析贯彻在整个教学过程之中。帮助学生从案例中感悟创业理念、理解创业规律、激发创业热情、培养创业能力。这种教学方式不仅增加了教学的鲜活性，而且培养了学生探究问题的兴趣和分析问题的能力。

在美国的商学院利用头脑风暴的方式，实施智力激励教学，一方面给予学生多方面的信息刺激，以填补学生知识空隙，使这些信

---

① 张竹筠．美国大学的创业教育对中国的启示［J］．科研管理，2005（10）．

② 丁惠，陈风华，肖云龙．美国百森商学院创业教育特点［J］．教育评论，2004（4）．

息在学生头脑中相互激发，产生智力的碰撞与连锁反应，促进大脑重新整合信息，从而产生新的设想；另外，在创业教育教学中他们还鼓励学生的创新思维，使学生克服从众和胆怯等阻碍探究的心理因素，譬如，百森商学院的教授们就采取以问题为中心的“激智方式”，让学生围绕创业过程中有可能出现的问题，如，如何应对日常工作中的压力？如何进行危机管理？在现实创业中怎样进行商业交流与人际交往？怎样在创业的过程作出精确的判断？怎样激发创业个体与创业团队的创造潜能等等，展开自由畅谈与思维互激。形成良好的探究氛围，使学生在互相的讨论中激活思维与灵感，从而创建一个充满激情、热情高涨的探究性课堂。

4. 丰富多彩的创业第二课堂

除了正规的课堂教育外，美国大学生丰富多彩的创业第二课堂也是美国创业教育的一大特色，在美国大学生课外的创业实践活动不仅受到高校的高度重视，而且整个社会都给予了广泛的支持，这些活动不仅意义深远而且影响广泛。

（1）“创业计划”竞赛。创业计划又称商业计划，是指一无所有的创业者就某一项具有市场前景的新产品或服务向风险投资家游说以取得风险投资的可行性商业报告。自1983年美国德州大学奥斯汀分校举办首届创业计划竞赛以来，美国已有麻省理工学院（MIT）、斯坦福大学等十多所大学每年举办这一竞赛。并且很快传遍世界各国的大学，美国大学生的创业热潮也由此掀起。这些商业计划竞赛每年都吸引着大量的风险投资基金，每年也都有几家新的企业从大赛中诞生，还有的短短几年就成为营业额为数十亿美元的大公司。从某种意义上说，高校的商业计划竞赛已经成为知识经济时代美国经济的直接驱动力量之一。单以麻省理工学院的MIT“五万美金商业计划竞赛”为例，从20世纪90年代到现在每年都有5~6家新的企业从这项赛事当中诞生，有相当数量的创业计划和创业团队被高新技术企业以上百万美元的价格买走。目前，该校的老师和学生创办的大企业就超过3 000家，控制着3 300亿美元的资产。该校的校友开办了4 000家公司，年销售收入达2 300亿元。曾经的世界首富比尔·盖茨就是其中最成功的例子。还有如 hhoo、Exeite、Netseape 等公司就是在斯坦福校园的创业氛围中诞生的，而正是这些创业企业给美国硅谷的发展注入了生机。

（2）“合作计划”项目。“合作计划”又称“卡迪拉克”计划，是指高校与公司、非营利机构、政府机关合作，让在读的大学生定期到他们其中的机构参加一定阶段的工作实践。这一计划已经在美国 700 所高校展开，约有 25 万大学生参加，这一计划的最大特点是，学生在课堂上所学的理论知识可以在工作实践中得到检验和应用。

（3）暑期打工活动。大学生利用暑期实习打工一直是美国社会的传统，暑期打工在美国学生看来不仅是对自己负责，也是对社会负责，暑期打工是一个个体独立的表现，也是个人融入社会的表现，更是大学生创业实践活动的有效形式。

5. 建有一支良好创业素养的专兼职教师队伍

创业教育离不开高素质的师资队伍，选拔与培养创业教育的优质师资是搞好创业教育的基础。

美国大学商学院创业教育中心一般吸收一些既有创业经验，又有学术背景的人士进行教学和研究工作，支持创业教育教师和非创业教育教师之间的合作与交流，很多美国大学商学院的教授都曾经有过创业的经历，担任过甚至现在还在担任一些企业的外部董事，这使得他们对创业教育领域的需求与发展方向有着不可比拟的敏感度和洞察力。例如，H. Irving Grousbeck 教授是斯坦福大学创业中心主任，他于 1960 年哈佛商学院毕业后，于 1964 年参与创建了 Continental Cablevision Inc，并在 1964—1980 年期间担任总裁，1980—1985 年担任董事长；卸任后他就去哈佛商学院担任讲师，1985 年到斯坦福任教，后担任斯坦福商学院创业教育中心主任。目前，他还兼任了多个基金会和企业的董事，与实业界保持着良好的接触。另外，美国大学还经常邀请业界有丰富创业经验的资深人士以短期讲学的方式参与大学创业教育项目。例如，Inter 公司的前任首席执行官、现任董事长 Andrew S. Grove 就从 1991 年开始担任斯坦福大学商学院的兼职讲师，每年秋季开 1 ~ 2 门课程，他们的课程为大学的创业教育提供了鲜活的思维，极大地丰富了课堂的教学内容①。

美国高校还十分重视创业教育教师的素质的提高，许多高校组织教师参加创业模拟活动、对教师进行专门化培训、进行案例示范教学或讨论会，组织教师参加各种学术会议等。

6. 通过立法，动员全国力量加强就业、创业培训

美国以职业技术培训、税收政策优惠、创业资金支持和优惠培训等办法，培养创业者，发展小企业。近几十年来，美国颁布了数十个有关职业培训和职业教育的立法，重要的有《人力开发与培训法》(1962 年)、《职业教育法》(1963 年)、《平等就业法》(1973 年)、《青年就业与示范教育计划法》(1974 年)、《就业培训合作法》(1983 年)、《工人调整和再训练通知法》(1988 年)、《从学校到工作机会法》(1993 年)、《劳工保障法》(1993 年)等。通过这些法律结合政府拨款，调动州、地方政府、私人机构，包括私人企业和社团的积极性，开展寻求职业和失业人员的多种形式的培训。同时，采取优惠政策和加大基础建设投资等吸引寻求职业者和失业人员的流动，从落后地区到发达地区，从城市到农村，既服务了创业者，也加速了美国产业结构的调整和落后地区的发展。美国充分发挥各州积极性，各州都有小企业开发中心，与政府的就业培训计划相结合，实行"小企业孵化"计划，以低价租赁场地、设备和工具，鼓励小企业之间互相学习、联合经营，以及由教育、科研、经济等部门联合对小企业提供技术支持、信息服务、经营管理和技术培训等帮助，减少小企业失败率。1994 年美国就业人数增加 330 万，其中在小企业就业的人占 62%。

7. 完善良好的创业教育支持体系

(1) 政府的鼓励。由于美国社会崇尚和强调个人奋斗，个人创业在美国是极为普遍且引以为荣的事情，并且在美国创业条件便利，

① 张帆，张炜. 美国大学创业教育发展及对中国的启示 [J]. 中国人才，2003 (8).

人才制度灵活自如，所以使美国整个社会形成一种鼓励创业、宽容失败的氛围。另外，美国的创业教育也受到政府的高度重视，美国政府专门设立了国家创业教育基金，创业教育已经在美国形成一个相当完备的社会体系，涵盖了从初中、高中到大学的正规教育，基本形成社会化的创业教育网络。所有这些为高校进行创业教育提供了有利的社会背景，同时也形成高校浓厚的创业氛围。

（2）高校的重视。美国高校创业教育的普遍开展，从创业中心的建立到师资科研队伍、课程建设以及创业基金的设立等，如此完整的教学和研究体系，关键是院长和其他行政领导的重视与支持。例如，在建立创业委员名单中，排在第一位的就是院长的名字。在院长及其他行政领导的支持和领导下，建立起创业教育中心和创业教育计划，教育大纲中融入创业教育内容，实现了创业教育的重要性同大学的远景目标联系在一起。同时，学校还制定政策鼓励师生创业，设置专门机构为师生创业提供方便条件，很多学校还设有创业种子基金，创业实践基地等。

（3）多渠道的资金来源。一个成功的创业中心通常有这样几个资金来源：捐款、申请基金和签订合同服务或外延拓展计划得款。在筹措基金方面，各创业中心的领导人和骨干成员都具有筹措资金的能力，他们会主动向著名企业家寻求捐助，与企业签订合同，或者寻求基金资助，他们对资金具有自主权。一家成功的企业可能一次就向创业中心捐赠几十万到几百万美元，一个创业中心常常拥有几百万美元的捐赠，如，卡耐基梅隆大学从各种途径募集到资金 250 万美元，百森学院在过去的几年里筹集到了 900 万美元，多渠道的资金来源保证了创业教育中心的正常运作和各种创业实践活动顺利开展。

（4）创业教育机构的多样化。美国高校的创业教育的组织结构是非常完善的，几乎每个高校都设立有创业教育中心，该中心主要负责：制定和实施创业教育课程计划、创业教育研究计划、外延拓展计划。此外，各高校还有由比较杰出的创业家组成的创业家学会，他们不但参与教学，还为中心提供资金和各种捐助。另外，还有由董事长、首席执行官、总裁等组成的“智囊团”，他们主要了解社会需要，提出一些建议和可行的措施，来指导创业教育中心发展方向。还有一些高校设有“创业研究会”、家庭企业研究所等，为创业研究者提供人际沟通机会，出版会议交流论文、索引、文摘及相关信息。通过开设家庭企业系列讲座、家庭企业研讨会、颁发杰出家庭企业奖等，帮助家庭企业快速成长并成功地把企业交给下一代。多种多样的高校创业组织机构，丰富了高校创业教育网络格局，使创业教育逐步走向科学化、系统化、规范化。

二、英国的创业教育

（一）创业教育政策提出的背景

从1973年石油危机爆发到1983年的10年间，英国经济一直处于负增长状态，失业率一直呈逐年上升的趋势，到1983年2月，达到了战后的最高纪录，失业者人数达到了329万人，失业率达到了13.8%。失业率居高不下引发了很多社会问题。为了缓解就业压力，政府在推行大规模的再就业培训项目时，开始强调自我雇佣（self－employment）的创业培训①。在就业培训中不仅传授就业所需的职业知识、技能和态度，而且培养其创业意识，传授创业知识，开发创业能力。与此同时，政府认识到教育是推动经济发展和解决就业的根本途径。政府认为，一个国家健全发展的高等教育，应该能培养国家所需的各种人才，其中英国最急需的，就是创新型人才，因此，在20世纪80年代政府发布的报告和法案中都要求大学加强与企业的联系，培养企业所需的创新型人才，更好地为国家社会经济发展服务。从大学的角度看，在办学经费日益紧张的情况下，大学也希望通过与企业的合作，促进大学智力财产的转化和衍生企业的创办。另外，国家经济持续低迷，大型垄断企业长期不景气，恢复缓慢，而中小企业对国家经济发展的驱动作用逐渐明显，与大企业相比，

① 牛长松．英国大学生创业教育政策探析［J］．比较教育研究，2007（4）．

中小企业越来越成为工作岗位的提供者、财富的创造者和创新的发起者，创业者的创业活动为英国社会提供了绝大部分的工作岗位，创造了大部分的社会财富，并成为创业教育实践活动的主阵地。从此，英国的创业教育蓬勃开展起来。

经过20多年的发展，英国的创业教育取得了很大的进展。2006年，伦敦商学院的乔纳森教授对全英格兰133所接受英格兰高等教育拨款委员会资助的高校进行关于创业教育开展情况的调研，结果显示现在至少50%的英国大学开设了一门或多门创业教育课程，而且有进一步增加的趋势。究其原因，主要有：第一，伴随着社会环境变化和经济的发展，整个社会日益推崇企业家精神，越来越多的拥有一定知识和能力的大学生不甘心等待雇佣，而是希望拥有自己的企业，成为“企业家”。第二，在经济竞争日趋激烈的背景下，生存压力加大的企业主希望自己的雇员能具有创新才能从而为企业注入新鲜血液。另外，高校为了满足雇主的需求，增强毕业生的就业能力，在竞争激烈的就业市场中占得先机，必须对高校学生进行创新、创业能力的培养。

（二）英国大学生创业教育的具体政策

1987年，英国政府提出了“高等教育创业”计划（Enterprisein Higher Education Initiative，EHE），这个计划的宗旨是培养大学生的可迁移性创业能力，要求大学不仅仅只传授与知识、技能相关的课程，还要将与工作相关的学习（work - related learning）也纳入课程体系中去，对大学生的创业能力进行培训。大学为此进行一系列的改革，如教师培训、课程改革、雇主合作以及学生的直接参与等。这个计划的提出可以看做是英国政府大学生创业教育政策的正式提出①。此后，政府的创业教育政策从模糊逐渐走向明晰，先后制定了一系列大学生创业教育的政策，对高校的创业教育给予支持和引导。

在此期间，“创业”和“创业教育”的概念内涵逐步澄清。创

① 牛长松．英国大学生创业教育政策探析［J］．比较教育研究，2007（4）．

业是指在混乱无序、变化、不确定的环境中甘冒风险去寻求和把握机会、整合资源、创新并创造价值的过程。创业作为一种思维方式和行为模式开始渗透到人们生活的各个领域，从商业领域到政府、大学等公立部门和非营利组织。创业教育不仅仅是创建企业的教育，其目的更旨在培养学生的创业技能和创业精神，以适应全球化、知识经济时代的挑战，并将创业作为未来职业的一种选择。英国高校的创业教育开始从商学院扩展到其他学院。随着这种变化，英国政府明确提出创业教育的根本目标在于，在全社会形成一个激发创业、鼓励创新和奖励成功的文化。目标的实现需要政府作出两种努力：一是普遍提高青年的创业能力；二是为创业个体和组织全方位地提供支持和帮助。下面从创业项目、管理、资金、教学和创业服务等方面来论述英国政府的大学生创业教育政策。

1. 启动创业项目，鼓励大学生创业

英国政府部门（主要是贸工部）提供资金在全国范围内开展创业项目，旨在激发学生创业热情，释放他们的创业潜能，使他们了解创业过程，获得创业相关技能。创业项目作为一种课外活动，任何学科背景的大学生都可以参加。

1998 年，英国政府启动大学生创业项目（The Graduate Enterprise Programme），该项目是专门为 18 岁至 25 岁在校大学生设计的。项目分两部分内容：一是开办公司。通过提供给学生开办公司的机会，让学生在自己创业的过程中学习，学生自己设计商业构思，如何进行商业设计、如何组建创业团队、如何争取商业投资、如何开拓市场、开发产品或提供服务等，在实践中积累创业的经验，从而获得创建企业整个过程的经验。在开办企业过程中学生还可得到志愿企业顾问（Volunteer Business Consultant）和创业导师（Enterprise Tutor）的咨询指导。二是创业课堂（Entrepreneurship Master Classes）。开设的创业课堂，通常为半天或一天的研讨班（seminar），通过请一些企业家来为学生讲课，并与学生一起进行面对面的交流，使学生对创业有一个基本的认识，通过参与一些活动和讨论，帮助他们解决在创业活动中遇到的问题。

2002/2003 年度参与此项目的大学生有 13 154 人，比上一年度增加了 3 000 人；参与该项目的高校从第一年的 17 所增加到 30 多所；从中产生了很多大学生创办的企业；培养了学生创业态度，增加了创业经验①。

2004 年，贸工部下属机构“小企业服务”（Small Business Services，SBS）拨款 15 万英镑，由英国一流商业组织与提供创业教育、培训、指导和援助的重要组织及机构联合设立了组织机构“创业远见”（Enterprise Insight），旨在通过全国性的运动鼓励 14 ~ 30 岁青年的创业精神，提升英国的创业文化。2004 年 1 月，英国财政部、“小企业服务”和“创业远见”共同发表《创建创业文化》的报告，报告中提出以创新的方式推广创业活动，通过青年的经验性学习带来行为的变化，从而引起深层的文化变革。另外，在 2004 年 6 月英国政府还发起了一项英国规模最大、影响最广的创业竞赛活动“显示你的成功——开始谈论创意”（Make Your Mark - start Talking Ideas）。通过其最知名的创业周（Enterprise Week），至今已进行过 6 000 多次竞赛，参与人员超过百万。通过此项活动，使 1/3 的青少年改变了对创业的态度，认识到创业对个人发展的作用，提高了青少年创业的激情与素质。

2. 建立管理机构，促进创业教育的发展

为推进大学生创业教育，政府拨款建立了英国科学创业中心（UK Science Enterprise Centres，UKSEC）来管理和实施创业教育，后又建立了全国大学生创业委员会（National Council for Graduate Entrepreneurship，NCGE），全面负责国内的创业教育。

英国科学创业中心是 1999 年在贸工部的科学创业挑战基金赞助下成立的，成立时名为 UK Science Enterprise Centres，简称 UKSEC，当时有 8 个创业中心，后来发展到 13 个，涉及英国 60 多所高校。现已更名为 Enterprise Educators UK，涉及 80 多家英国高等教育机构及 500 多家企业。其任务是将创业融入大学传统教学之中，实现大

① 牛长松．英国大学生创业教育政策探析［J］．比较教育研究，2007（4）．

学文化的革新。科学大臣将英国科学创业中心的角色定义为："英国大学文化变革的催化剂，旨在使大学与企业关系更密切并提高大学对经济增长、就业和生产力的贡献度"①。创业中心的工作主要在四个领域开展：第一，开展创业教育。创业教育以科学和技术专业的学生为主要对象，并将创业学作为辅修课推广到其他专业中，也开设一些非学分的创业课程。第二，加强与产业界的联系。利用企业提升大学的竞争力，让企业为大学提供资金，为大学生创业提供咨询指导，赞助商业计划竞赛等。第三，支持创办企业，并鼓励新企业成长，主要支持大学师生创办的知识衍生型企业。第四，鼓励技术转化。创业中心为大学技术转化提供种子基金、天使资本、创业孵化和科学园区的服务等。

随着英国高校创业教育的繁荣和兴盛，英国政府认识到建立一个全国性大学生创业教育组织机构的迫切性和重要性。2004 年 9 月，英国政府设立英国大学生创业促进委员会（National Council for Geographic Education，简称 NCGE），旨在促进英国高等学校加强对大学生企业家资质的培养，尤其是鼓励毕业生的自我创业。该委员会由英国教育部和贸工部下属的"小企业服务中心"出资支持，首席执行官 Ian Robertson 先生有权向财政大臣戈登·布朗直接报告。NCGE 的主要任务是为各高校在培养学生的企业家资质，特别是促进毕业生自我创业方面提供理论研究，发现并研究国际上各国高校不同的、成功的实际案例，以利于从中得出一些具有普遍性的原则。

3. 出台各种投资方案，为创业教育提供资金保障

在对创业教育的资金投入上，英国政府非常重视大学科技成果的转化，希望高校通过与企业的合作，使高校的创业不只停留在设想上，而能实现知识的转化，从而最终衍生出新公司，实现创业的成功，由此推动创业教育的发展。为支持大学科技成果的转化，英国政府设立了以下一些基金。

（1）"大学挑战基金"（University Challenge Fund）。该基金共设

① 牛长松．英国大学生创业教育政策探析［J］．比较教育研究，2007（4）．

有种子基金 5 000 万英镑，其中政府出资 2 000 万英镑。此基金的目的是帮助大学渡过把研究成果转化为市场产品的最为关键与困难的最初阶段。

（2）“科学创业挑战基金”（The Science Enterprise Challenge Fund）。该基金为包括剑桥大学在内的英国大学中 13 个科学创业中心投资额总计超过了 5 700 万英镑。这些创业中心主要传授学生和教师相关创业知识，培养学生创业技能，把创业精神引入科学与工程教育领域，更好地促进创业教育发展。

科学创业挑战基金的目的是在英国的大学建立一个专注于创业教育和知识技术转化活动的中心网络。1999/2000 年度第一轮期间政府投资 2 890 万英镑在英国大学里建立了 12 个科学创业中心，中心支持创业教学，推进大学和企业之间的联系。第二轮的科学创业挑战基金于 2001 年 1 月 1 日启动，政府拨款 1 500 万英镑用于激励科学创业和创业教学，并建立了一个新的创业中心。科学创业挑战项目基金连同投标大学的资金在 12 个创业中心的总投资额已经超过了 5 700 万英镑。此外，还有专门为弱势青年和少数民族创业提供资金的新创业奖学金（New Entrepreneurship Scholarship）、王子基金（Prince's Trust）和凤凰基金（Phoenix Fund）。

（3）“高等教育创新基金”（ Higher Education Innovation Fund）。该基金是高等教育基金委员会（HEFC）和科学与创新办公室（the Office of Science and Innovation）的联合项目，是专为加强校企合作而设立的基金，是政府向高等教育提供资助的第三条途径。它支持在大学周围建立各种科技网络群，同时还支持各大学内部师生的创业活动，如专利申请与保护、资金启动、公司筹建和市场开发等活动，目的是加强校企之间的合作。

（4）“高教援助基金”（High Education “Reach Out” Fund）。此基金的目的是让高校教师与学生带着创业项目到企业中去，鼓励高校主动进行技术开发，并以此提高学生的创业能力。

4. 开展创业教育研究，积极探索教与学的新模式

随着创业教育扩展到不同层次和不同专业的学生，创业教育面临一个重要的挑战，即如何将创业理念融入大学的核心价值体系，如何将创业教育整合到大学的其他课程之中，促进教学模式、教学态度和教学方法的改变。

高等教育学会（HE Academy）为大学提供创业技能教学的材料，利用学会的各种小组以及各个学科中心的工作为高校创业教育提供学术支持。学会在全国发起了“大学生创业技能”（Entrepreneurship Skills for Graduates）计划，目的是在各个专业的本科生课程中嵌入有关创业技能的内容。这个以学科为核心的项目在10个学科中心（Subject Centres）展开，学会的高级顾问和项目官员做一些协调和支持的工作。

高等教育基金委员会为提高大学教与学的质量，启动教与学优异中心基金（Centres for Excellencein Learning and Teaching，CETLs），鼓励和奖励优秀教师，投资教学设施，推广优秀教学实践案例。

5. 利用商业连接网络服务大学生创业

英国政府自20世纪80年代初开始重视小企业对经济增长的意义和作用，正如财政部的报告指出：“小企业是我们经济的命脉——创造了就业和繁荣、复兴了社区，作为政府，我们的目的是改变对创业的态度，解决创业者在创办和经营企业过程中所遇到的困难。”英国有利于创业的监管环境是大学生创业教育的重要保障，与商业连接的整合已成为英国创业教育的特征之一。

2000年4月，英国政府成立了专门机构“小企业服务”，其成员由20个具有经营中小企业实践经验的创业家组成，为创业提供建议和援助。自2001年4月开始，“小企业服务”建立了一个由45个“商业连接”（Business Link）构成的全国性网络，提供全英各地都可获得的、顾客跟踪式的有效服务。其服务项目主要包括：提供政府官方网站各种信息、提供标准化或量身定做的培训项目、一对一的建议和咨询、资金支持并参与举办一些促进创业的运动。很多“商业连接”参与大学的创业推广活动，为有创业抱负的学生引导创

业途径，提供商业咨询，帮助学生参加壳牌技术创业（The Shell Technology Enterprise Programme）的中小企业实习项目。“商业连接”也在区域内各大学之间建立沟通，弥补大学之间的差距。

（三）英国开展创业教育的经验

1. 创业教育政策目标明确

从“全球创业观察”2003年统计来看，英国6.4%的人口参与创业活动，与之相比，美国是11.3%，加拿大和爱尔兰是8%①。英国创业水平和生产力水平低于其主要竞争者，其根本原因在于：英国社会缺乏甘冒风险、容忍失败、敢于创新的文化。因此，政府提出创业文化建设的宏观目标，认为建构一个适于潜在创业者成长的文化环境比创办企业本身更为重要。本着这一目标，政府政策从一开始就没有将创业教育局限在大学之内，而是要求大学与地方政府、企业、商业组织和社区广泛联系。政府在制定创业教育政策的同时，也努力建设一个适合中小企业发展的宏观经济环境，采取一些支持创业的措施，如市场容易进入、资金容易获得、知识产权保护、扩大孵化空间、研发投入、税收减免等，力图使英国成为世界上创业最容易的国家。政府组织开展全国最广泛参与的创业运动，希望借此释放“草根”阶层的创业潜能，利用媒体的大量宣传使人们对创业形成积极的态度，促使越来越多的个体和组织将创业作为一种生活方式、社会习惯和职业来追求，从而达到文化变革的目的。

2. 创业教育课程开展广泛，教学方法灵活

目前，英国主要存在两种创业教育课程，一种是“为创业”课程，另一种是“关于创业”课程。两种课程配备的教师有所不同，教学方法和评估体系也有着一定差别。“为创业”课程的教师有21%是兼职教师，98%的教师曾经有过商业管理经验，70%的教师曾经创办过自己的企业。教学方法上则倾向于小组教学，更多地开展真实的创业实践活动，明确教学目标是希望学生通过准备商业计划、同企业家互动等方式获得“近似的创业经验”。学校注重提供机

① 牛长松．英国大学生创业教育政策探析［J］．比较教育研究，2007（4）．

会让学生有针对性的实践并进行严格的技能考核。比较而言，“为创业”课程比“关于创业”课程在制作案例方面花费了更多的努力。“关于创业”课程中，全职教师占93%，只有61%的教师有过商业管理经验，36%的教师创办过自己的企业，他们倾向于通过讲授教材、写小论文等传统方式进行教学，其考核方式一般也局限于书面形式①。

3. 社会各界积极支持开展创业教育

英国在推动创业教育的过程中，充分利用和调动各级政府、各种组织和民间的力量，形成全社会的大学生创业援助体系。地方发展局在区域内发起一些创业项目，并将大学生创业纳入地方经济发展战略。企业更是积极参与支持大学生创业，提供创业咨询、指导、资金赞助和创业实习。商业组织，如英国工业联邦、英国商业议会、小企业联盟和全国创业联盟等都发挥了作用。贸工部下属的“小企业服务”和“商业连接”已成为大学生创业的主要支持服务机构。政府吸纳多方参与，促进不同部门、组织的协调与合作，为大学生创业教育和创办企业动员了全社会的资源。

4. 配备专门组织机构并提供指导

英国的大部分大学都设立了创业中心或创新中心，为包括本校师生在内的创新、创业者提供场地支持和指导，使得创业者的创业活动具有针对性和成功的可能性。比如，拉夫堡大学的创新中心为有志于创业的本校学生提供很多便利条件，例如，以折扣的价格提供场地出租，为创业者联系相应的企业提供相应的技术支持，提供低息贷款等。该校的“学生创新和创业奖学金”获得者还有权在租金方面得到该中心的进一步折扣以及该校的创业有限公司提供的指导，目前拉夫堡大学的创新中心已经在几个新公司的建立中发挥了重要作用，为拉夫堡大学的创业教育学生实践活动提供了有效的指导②。

---

① 房欲飞．大学创业教育在英国［J］．上海教育，2006（14）．

② 张雷，李海娜．英国创业教育及成功经验探究［J］．大众文艺，2009（11）．

5. 政策取得显著效果

英国创业教育政策的实施取得了明显的成效。首先，参加创业教育的学生数大幅度增加。2006 年，全英 190 万大学生中参加创业教育的学生达 13 万多人，占全部学生数的 7%，其中修习创业课程学生数 44 054 人，占 34%；参加课外创业活动的学生数 87 869 人，占 66%。其次，大学开设的创业课程增加，并从商学院扩展到其他学院。2003/2004 年度大学里供一年级本科生选修的创业学分课程大概有 92 种（不包括嵌入其他课程模块中的创业课程），商业课程 4 456种，课外创业活动多达 24 种。最后，大学生的自我雇佣人数在逐年增加。高等教育统计局核定，获得第一学位的大学生将自我雇佣作为第一职业的人数在稳步增长：在 2000/2001 年度是 3 240 人，在 2001/2002 年度是 3 535 人，在 2002/2003 年度是 5 315 人。在过去 10 年里，获得第一学位的自我雇佣者（尽管不一定是第一职业）的人数增长了 6 倍，获得研究生学位的自我雇佣者增长了 4 倍，获得职业证书的自我雇佣者增长了 3 倍①。

目前，我国高校创业教育开展尚处于起步阶段，而且已开展的创业教育也主要处于对广大学生普及创业知识、增强学生创业意识阶段，因此可以说我国高校的创业教育处于萌芽阶段。英国发展创业教育的成功经验是值得我们借鉴的，如何将成功经验结合我国的实际情况在我国深入发展，是我们要面临的挑战。

三、法国的创业教育

近年来，法国的一些地区已经开展了诸如“在中学里办企业”、“教中学生办企业”等许多活动。活动的目的并不一定要办企业，而是让学生继续学业的同时，做好职业选择与就业工作的心理准备，培养他们探索创业的兴趣和能力。法国鼓励农村青年创业，这是法国创业政策的突出特点。通过发展农业教育，除了农业中学、农业

① 牛长松. 英国大学生创业教育政策探析［J］. 比较教育研究，2007（4）.

职业中学和高等农业院校等正规教育机构以外，还创办了多种形式的农民技术培训班，对农民进行职业能力的培训和提高，同时鼓励农民就地创业。

1973 年法国政府曾规定，凡是具备条件的 25～35 岁的青年农民在落后地区创业，可获得调整农业结构社会行动基金会颁发的 2.5 万法郎的创业定居补助金，农业互助银行提供各种低息创业贷款。除此之外，法国采取了更加具体可行的措施鼓励创业。1997 年，法国对雇员不足 50 人，营业额低于 3 000 万法郎的中小企业免征企业所得税。通过转移社会保险费的负担，由政府施以财政补贴，来降低雇主的劳动力成本。

法国的创业培训模式有这样一些特点：严格筛选学员，确立学员的主体地位；精心设计培训内容，严格选择教员；理论培训的过程，就是创业计划完善的过程；成立顾问委员会，组成专家队伍；实施个性化辅导和后续扶持；协助学员申请企业贷款。

四、德国的创业教育

德国支持创业者的突出特点是就业开发策略。开展职业教育，实施双轨制教育是二战后联邦德国经济快速发展的秘密武器，并且，政府有系统完备的保护就业的政策、组织机构、有效的运行机制等，特别是采取积极的劳动力市场政策，即通过为失业和重新工作者提供创业机会的积极政策，取代通过提供现金或其他福利来资助失业者提高生活水平的消极政策。1969 年，实施了《劳动促进法》和《职业培训法》，为劳动力市场开发奠定基础。之后，1970 年实施《联邦教育促进法》，实施《就业支持法》等法律，鼓励开发劳动力市场，提高创业者能力，增加就业机会。具体表现为以下六个方面：一是职业培训，为重新择业者或创业者安排知识学习和技能训练，政府承担受训者两年以内的费用；二是职业介绍和创业咨询，联邦劳工局免费为创业者介绍职业，帮助创业者推荐选择职业，并通过专业网和杂志等，及时方便地提供信息服务；三是为创业者提供补助，创业者在转换职业或新创企业遇到经济困难时，可向政府申请交通、搬家、工作装备等费用的补助；四是为长期失业或长期寻求职业者提供生存性工作岗位，解决这些人临时性生活费来源问题；五是为职业恢复者提供帮助，针对体力或智力有障碍的残疾人的职业恢复和重新创业提供多种补助，包括医疗费、职业培训费、社会保险费、家庭生活费以及相关实习工厂实习、一定数额的资助或创业贷款等；六是为企业提供开工不足补助，对于一些企业包括新创业企业因临时开工不足或工作量减少，政府财政发放一定的补助金，以弥补企业的损失和雇员的工资损失。以上措施，围绕创业者创业在素质培训、政策、资金、设施等等许多方面，甚至很细节的方面，政府都提供支持，为创业者营造了良好的创业环境，大大提高了创业者的创业成功率。

五、澳大利亚的创业教育

在澳大利亚，大学里的创业教育已经进行了40年左右，研究生水平的创业教育历史较短，只有12年。澳大利亚TAFE（技术与继续教育学院）针对创立小企业，积极开展小企业创业教育，体现了以下特点：

（1）以学生为教育主体教学思想。教学的重点在于对受教育者个人潜能的挖掘和综合素质培养，创业教育教材中主要模块之一是“自我完善”。

（2）不以单一专业知识或技能的传授为目的的教学目标。采用大量的案例启发学生，使学生通过自己的分析和研究，引发创业兴趣，建立创业思想，进行自我创业设计。

（3）采用分层次的模块化课程结构。在基础阶段，对创业教育的几个通用模块进行学习。学生在了解自己、明确目标之后，能够根据自己的特点，选学有针对性的内容。不同地区、不同专业的学生可以选学不同学时要求的模块。

（4）以案例研究为导向的教学方法。教师通常利用大量的案例来启发学生，提出具有针对性的问题。通过案例的分析和研究，引导学生在对个人情况和创业环境条件的分析过程中，发现问题，学会寻求解决问题的方法。

(5) 注重教学过程中的评估与考核。它不仅是检验教学质量的措施，也是开展教学的重要方法。如通过课堂问卷填写，对学生个人情况进行调查，作出评定，提出有针对性的素质教育纲要。在许多教材中，针对不同情况和要求，规定了评估原则、评估类型和评估方法。

六、印度的创业教育

与我国毗邻的印度在创业教育方面发展较早。印度在1966年就曾经提出过“自我就业教育”的概念，旨在鼓励学生毕业后自谋出路；到了20世纪80年代，“自我就业教育”再次引起了印度社会的重视；1986年，印度政府在《国家教育政策》一文中要求大学要培养学生“自我就业所需的态度、知识和技能”。在政府的推动下，印度创业教育快速发展。具体表现在：

(1) 创业教育国际化。印度大学生创业教育积极与国际接轨，创业教育课程直接运用国外的原版教材，同时引进国外知名创新、创业专家担任大学创业中心的教授。

(2) 创业课程的整合性和非课程性。在印度，创业教育课程都是以某个专业课程为依托，并将其整合在一起，印度的很多大学都成立了创业中心，用来协调非课程活动。这些非课程活动包括设置创业项目、举办国际商业计划大赛、举办学术研讨和讲座以及提供企业发展的孵化器等。

七、日本的创业教育

在日本，开展创业教育是要开发出能让学生自然而然地掌握自我负责原则和投资意识、风险意识等的课程体系，提供给希望在教学中运用这一课程体系的学校，力争让每一个学生都能以服务社会为己任。从1998年起，文部省就和通产省合作在小学开始实施“就业与创业教育”。日本小学课前有个“早起会”，敦促孩子们很早起来，利用早晨上课前的两三个小时给人送报纸、送餐饮等活动搞勤工俭学，这既是艰辛的创业教育，又是对将来创业的一种准备和尝试，目的是培养学生从小养成创业心理意识和意志品质。大阪商业大学是日本闻名的商科大学之一，是日本创业教育的领跑者，它的创业教育始于2002年，确立了“培养富有创业精神的创新型人才”的教育理念。基于这一理念，大阪商业大学在创业教育中注重培养学生发现问题、解决问题的能力。它专门开设大阪商业大学创业先锋班（OBP），课程的设置及运作的教育宗旨与理念，是注重培养学生的综合素质与创业精神，并提供各种机会使学生的能力得到锻炼，潜力得到激发。

日本高校创业教育的特色主要表现在四个方面：入学后通过考试进行选拔，考试内容为国语、数学和素质测试等；在学生所学专业之外，进行为期3～4年的系统教育和训练；理论与实践相结合，广泛使用案例教学、调研等活动；重视与外部的交流等。

八、国外高校创业教育的启示

“他山之石，可以攻玉”。国外创业教育已积累了丰富的经验，源源不断地培养出了大批创业人才，推动了整个社会经济的进步。研究国外高校创业教育的发展和特点，可以给我国的高校创业教育的开展带来很多有用的启示，为推动我国创业教育的发展提供可借鉴的经验。

（一）创业教育的开展得益于创业氛围的营造

国外经济的快速发展和创业教育的蓬勃兴起表明，社会创业风气的形成和创业环境的营造是创业教育生长发展的“肥沃土壤”。一个国家经济要得到有效发展，必须重视对公民创业意识的激发和创业人才的培养，必须形成一股全民的创业风气。我国由于长期计划经济的影响，使得上一代人普遍缺乏创业的意识。创业的社会环境并没有建立起来。所以，我国要想开展创业教育，首先要营造一个良好的创业氛围。从舆论导向上、政策扶持上、社会宣传上、价值观念上来鼓励创业，让崇尚创业、梦想创业的风气兴起，在新一代的大学生身上塑造民族创业精神。只有这样，创业教育才会更加蓬勃发展，从而激起更多的人创业，最终加速我国经济的腾飞。

（二）要具备先进的教育理念

要使创业教育的理念变成高等教育的实践，首先要转变教育观念，树立先进的教育价值观，要有前瞻的教育理念。从国外创业教育的发展来看，这些国家的创业教育的发展都与当时的社会经济结构形态的变革有关，并且他们能够及时进行创新教育，进行创业教育的实践和创业活动的不断探索，敢于创新，具有与时俱进的教育理念。因此，我国的创业教育能否成功，最主要的是创业教育的思想理念必须在学校的管理者、教师中达成共识，及时更新，统一思想，无论是管理者还是教师都应树立以创业教育为核心的、面向未来的教育理念。

（三）以提升创业精神为聚焦

创业教育的目标不是教会受教育者创办企业，而是从根本上提升创业精神，培养具备创新精神、企业管理经验、了解政府政策、资金运作熟练等素质的企业家。然而一个人是否能成为优秀的企业家，取决于其个人性格特质和外部生活环境，创业教育的目标就是培养个人性格特质，提升创业精神。美国的大学在提供中小企业与创业精神的课程方面有巨大的改变。1979 年至 1986 年，中小企业与创业精神的课程成长迅速，并蓬勃发展。

（四）专兼职师资队伍是保障

实力雄厚的专业师资队伍，使得国外的创业教育有了广泛的发展。这些国家的高校教师专职从事创业教育和研究，并在开展创业教育前，都有过在高新技术企业见习或参与创业过程的亲身体验。因此他们有足够的智慧在教学过程中引入大量的案例分析，帮助学生从经验中学习，激发他们的创新与创业思维。此外，这些教师还注意与企业保持经常的联系，努力争取企业对学校创业教育的支持，为学生创造模拟创业实践的机会。由于教师们的不懈努力，他们的学生有较多的机会深入创业企业第一线去观摩或实习，学生也可以带着他们预制的创业方案到企业去检验可操作性，甚至还可以在某个岗位上练练手，从中获得一些理论与实践上的经验。因此，我国的高校创业教育的实施者——教师——应该多到创业企业第一线实践，掌握丰富的创业经验，使自己成为专业的创业教育者。

（五）完善的创业教育体系是基础

国外的创业教育已形成整体效应。从层次分布上看，涵盖了从初中、高中、大学到研究生阶段的教育，还包括职业教育和继续教育。从教育内部各要素来说，不管是课程设置，还是教学方法，或是教学评价，都得到了深入发展，基本上已形成一个全备的体系。而这正是我国高校创业教育的薄弱点所在。教育的不同层次、不同要素之间应该建立起一个科学而完善的逻辑联系，这样教育的整体功能才能发挥出来，像我国目前高校创业教育片面地、歪曲地、零散地发展，是很难取得成功的。

（六）系统的课程设计是核心

美国百森商学院创业教育的课程体系共分为五部分：战略与商业机会、创业者、资源需求与商业计划、创业企业融资和快速成长。百森创业教育版的课程内容采用了模块化的结构，它们主要由基本理论、案例分析和模拟练习等模块组成。课程通过分析综合、比较研究的方法，把一个成功创业者所必须具备的意识、个性特质、核心能力和社会知识结构系统地进行了整合，体现了创业教育所具有的科学教育与人文教育的融合，智力开发与非智力教育的融合。因此，我国的创业教育应该要有系统的课程来有效地保证创业教育理念的落实和教育目标的实现。

（七）丰富的教学过程是关键

国外开展创业教育形式多样，并都能够结合本国的经济发展和高校教育发展的实际情况，选择适当的教学方法，丰富创业教育的教学过程。为了确保教学过程的鲜活性，他们能以现实社会的状况作为切入点，自始至终把现实的事例分析和实践活动贯穿在整个教学过程之中。在教学内容的选择上，他们注意按照一个创业成功过程所需的因素来设计，努力使学习者置身于创建企业、发展企业这样一个动态过程中，以引导学生关注与创业相关的一些经济问题、社会问题或其他问题。在教学中，他们尤为注重案例研究，在选择案例时，既有创业成功的案例，也有创业失败的案例。此外，他们在课外安排的创业竞赛活动等，也使得创业教育变得更加丰富多彩。

（八）营造宽松的创业氛围

除了国外的高校重视创业教育之外，他们的政府、社会都极大地支持和发展创业教育，给了创业教育的发展一个非常宽松的氛围。他们能够提供专项资金鼓励大学生创业；建立专门的管理机构，促进创业教育的发展；开展创业教育研究，积极探索创业教育的模式等。因此，我国的创业教育的开展，不仅仅是高校的事情，政府、社会等应该多方面的支持和发展创业教育，积极营造宽松的创业氛围。

（九）政府的支持和配合

不管是国外典型的创业教育课程，还是活跃的创业教育理论研究，或是创业教育的相关政策，都让我们从一个侧面看到国外对创业教育的重视和支持。创业教育不能仅停留在口号上或表面上的功利性的做法上，要想真正进入实质性的实施阶段，如课程的开发、新理论的提出等，除了需要一定的政策环境外，还需大量的资金投入来启动。而我国政府目前尚无重大举措来为创业教育的实施筹集或投入资金，也没有相关举措来建立有益于创业教育开展的制度等等。

然而，我们在借鉴国外成功经验时，也要有所鉴别，要考虑不同国家的国情和社会文化背景。国情不同，其教育体制就会不同；社会文化不同，其教育观念也会不同。比如，前面所介绍的国外典型的创业教育课程，是有很明显的经济学倾向的。这是由于国外社会文化氛围已经把学生的创业意识和创业心理品质逐渐熏陶和养成了，再加上基础教育的逐步渗透，所以在大学里他们只需加强经济学方面的素质和能力就可创业了，而在我国，一方面缺少外在的社会创业氛围，另一方面，从深层次的文化背景来讲，中国人与西方人之间本来就存在着一定的心理差异，中国人倾向于“场依赖”，而西方人倾向于“场独立”，再加上中小学缺乏对学生这方面的引导，因此我国高校开展创业教育一开始就有点“先天不足”，要完成的任务和要涉及的项目可能比国外高校繁重得多。国外创业教育的很多做法值得我们借鉴，但更重要的是开发适合我国国情的高校创业教育实施方案。

第三章　创业教育在中国的发展

我国高校创业教育从20世纪90年代缘起发展至今，作为一种新的教育思想已经渗入我国高等教育理念并曾一度轰轰烈烈付诸于教育实践。在多年的实践与研究中，我国高校的创业教育理论与实践取得了一定的成绩，也发现了很多的问题，创业与创业教育相关的一系列现实问题迫切需要不断创新、不断提高。

一、创业教育的中国历史

（一）新中国成立以前创业教育的发展

任何事物的发生发展都有必然规律，都不是空穴来风。以历史的观点来看，我们目前研究的创业教育的发展，只是按照中国教育发展史的轨迹，寻找创业教育的萌芽和发展线索，以此探寻创业教育在中国的发展规律。因此，纵观新中国以前的教育历史，可以分为五个阶段来分析创业教育的发展脉络。

第一阶段是奴隶社会以前。这时的教育产生于社会生产劳动和社会生活，直接为生产和生活服务，此时的教育还没有从生产和生活中分离出来，也没有专门的场所和专职人员，但这时的教育的目的是平等的，是为训练氏族成员生产和生活技能而进行的，这是教育的萌芽，也是创业教育的萌芽。因此应该说，以培养人的生产生活技能，进而培养人的创业能力的创业教育是伴随着教育的产生而产生的。或者说，培养创业者是教育的基本职能之一。

第二阶段是夏、商、西周和春秋时期。到夏代，人类进入奴隶社会，在社会阶级分化和脑力劳动与体力劳动分离的基础上，产生了教育的分化。奴隶主阶级开始认识到教育的作用，为把本阶级的年轻人培养成为强有力的统治者，需要组织特殊的教育训练，把教育从生产和生活中分离出来，成为独立的社会活动，但只重官学，“学在官府”，受教育成为了统治阶级和少数贵族的特权，教育也主要成为了培养和训练居于奴隶之上的统治者，多数从事体力劳动的民众，被排除在了学校之外，只能在社会生活中自觉接受教育和统治者施行的教化。在当时的历史条件下，既突出政治统治，也关注自然和生产生活，在教育内容上具有一定的创业教育的成分。

第三阶段是战国时期。自公元前475年至公元前221年共254年的战国时期，是中国历史上非常重要的时期，社会大动荡、大变革，生产力大解放，思想、科学、文化大繁荣，中国历史上出现了第一次“百家争鸣”的教育文化自由发展的历史时期，产生了全新的教育机构——私学，涌现出了儒、墨、道、法等诸家学派，社会科学与自然科学同步发展，精神世界与物质生活共同提高，把中国历史带入了空前发展的辉煌时代。教育得到全方位的自由发展，创业教育也获得了发展的机会。诸子百家中的墨家是小生产者的代表，开办致力于培养个体劳动者的私学，相对于儒、法、道等其他学派，注重传授生产和科学知识，教学内容包括农业、手工业、军事器械制造、实用知识技能等领域，教学方法上更多采用的是辛勤劳作，而非坐而论道。因此可以说墨家学派就是创业教育在中国古代的典型代表，也是人类历史上最早依靠教育发展生产，推动创业的教育学派。

第四阶段是封建社会时期。从公元前221年到公元19世纪末两千多年的封建社会历史，除了秦朝15年以法治思想主导政治统治和汉初统治者为缓和社会矛盾尊崇道家的“清净无为”以外，从汉武帝“罢黜百家，独尊儒术”开始，儒家思想统治中国文化两千余年，“克己复礼为仁”、“三纲五常”、“化民成俗”等等儒化思想，在“学而优则仕”的科举制度传承下，已经融入炎黄子孙的血液里。在这漫长的历史时期，在以儒家思想为主导的政治为中心的大一统的封建社会制度背景下，生产关系不断调整，不断适应和推动着生产力的发展，虽然经历了数次朝代更替，还是保持着社会相对稳定的发展，人丁也兴旺，而且几次独领人类最文明之风骚。这一时期，尽管有北宋王安石的“崇实尚用”思想、明朝王廷相的“重实”教育，清朝黄宗羲、王夫之、严元的“实学”教育等创业教育思想的萌芽，但没有得到官方的重视，直接推动生产和生活的创业教育没能得到应有的发展。

第五阶段是资本主义萌芽和民国时期。鸦片战争开始了中华民族一段屈辱抗争的历史，也揭开了中国教育近代化的序幕。所谓中国教育近代化就是资本主义教育的萌芽和发展。凭借不平等条约强行设立的教会学校，在封建传统教育主体中注入了资本主义教育因素；洋务运动中不管是教会学校的扩张，洋务学堂的设立，还是留学教育的勃兴，虽是在“中学为体，西学为用”的思想指导下，但还是传播了资本主义文化和教育观念，冲击了传统的封建教育体制，使中国教育由以民族文化为中心的封闭型向与世界文化交流的开放型转变，改变了中国传统教育结构。当然，教会学校的根本目的是进行宗教和文化扩张，严重侵犯了中国教育主权。但是，教会教育在传授外语和自然科学方面的内容和近代的教育形式，有利于中国近代教育的产生和发展，也萌发了创业教育的新芽。

新中国成立以前，创业教育在民国成立初期得到了最大限度的提倡和发展。突出表现为蔡元培、黄炎培和陶行知三位大教育家的教育思想和实践。曾任民国教育部部长的蔡元培倡导的实利主义教育思想，及在实利主义教育思潮导引下的实业教育运动，萌发了中国创业教育的幼芽。他把实利主义教育当做富国的手段，看到世界的竞争不仅在武力更在财力，提出全面和谐发展的教育纲领，主张“以人民生计为普通教育之中坚”的智育，开始重视开设自然科学和技术课程，重视培养学生掌握和发展实业的技能和本领，形成独立思考的能力和习惯。蔡元培的实利教育的主旨是突出发展资本主义生产的知识技能教育，发展个人的实业能力，满足资本主义生产需要的科学技术人才和熟练工人的要求，体现了创业教育思想。

黄炎培发展实利主义教育，发起了中国近代史上的职业教育思潮，提出了“使无业者有业，使有业者乐业”的职业教育目的论，他试图通过职业教育，使每一个受教育者形成通过职业劳动求生的本领和能力，实现职业教育对个体求生存、求发展的价值。主张“养成青年自求知识之能力、巩固之意志、优美之情感”，是职业教育给受教育者一技之长以外的更远大的目标，即只有职业教育使人的个性、天性和才能与职业相适应，才能发展人的个性和才能，也才能使人真正“乐业”，也体现了创业教育必须建立在个人能力、素质和兴趣之上的思想。他认为发展职业教育、培养个人职业能力是个人生存、社会经济发展和教育的功能作用，正确发挥三者的统一。他提出的“社会化”的职业教育方针论，主张“注意时代趋势与应走之途径，社会需要某种人才，即办某种学校”，即职业教育与社会生活紧密相连，并受社会经济发展制约，因此，职业教育课程必须根据社会经济发展的需求确定、从事职业教育必须与社会广泛接触和沟通、培养出来的学生必须能够立足社会、服务社会。他提出的“手脑并用”、“做学合一”的职业教育教学原则论，主张职业教育的目的在于“养成实际的、有效的生产能力”，必须“理论与实际并行”、“知识与技能并重”。可见，黄炎培的职业教育思想系统而完整，鲜明地体现了面向社会、面向生活、注重实际、关心人生、追求成功的教育价值观，从价值理念、教育目的、教学原则、办学方针等各方面都体现了创业教育思想。

陶行知的生活教育理论也为创业教育思想在中国的形成和发展奠定了理论基础，他提出“生活即教育”、“社会即学校”的思想，主张“生活教育是给生活以教育，用生活来教育，为生活向前向上的需要而教育。生活决定教育，教育通过生活才能发出力量而成为真正的教育”，主张教育要从鸟笼子里放回到天空，解放人的天性，在培养人的社会“生活力”的基础上培植人的“创造力”。他强调“教学做合一”，主张以做为中心、以行动为中心、以生活为中心，教师要教给学生学习方法，培养学生独立思考和独立解决问题的能力，形成举一反三的探求本领，教是为不教，学达到会学，从而使学生掌握学习方法，学会学习、主动学习。陶行知的生活教育理论在诸多方面都为创业教育的研究和发展起到深刻的启示和影响。

尽管这一时期受到资本主义教育思想影响很深，涌现出了一大批进步的教育家，形成了一些宝贵的进步的教育思想和教育实践经验，但是，由于军事战乱不断，社会动荡不安，国民党统治无心顾及国家的治理、文化教育事业的建设，使得这些思想失去了生存和发展的环境和土壤，创业教育也失去了发展的机遇。

（二）新中国的创业教育发展

在中国共产党领导的革命根据地时期的教育，主要是围绕革命战争任务，以提高民众思想政治觉悟和干部群众参加革命斗争的文化素质为中心，教育为个人实业发展、地区经济建设服务等任务还无从谈起。新中国成立以后，压抑了千百年的主人翁激情，在中国共产党的领导下如火山爆发一般迸射出来，万众一心，无私忘我地投身于社会主义改造和建设，投身于新中国的经济建设事业。私有、民营经济经过社会主义改造后归国有，每一个个体都是社会主义劳动力大军的一分子，在绝对大公无私的时代，在优越的社会主义制度下，无论是经济增长速度、社会发展程度包括管理模式都创造了人类历史的奇迹。直到20世纪50年代末、60年代初期，由于复杂的国际国内形势，中国经济违背了客观规律，脱离了健康的发展轨道，广大人民群众的热血激情和创造力没有能够被充分引导到经济建设上来，反而背道而驰，造成了极大的浪费，不得不在1962年公布的《农村人民公社60条》中，恢复了家庭副业、自留地和城乡工商户的地位，为私有经济留下了细小的尾巴，而这只小尾巴在此后的历次阶级斗争中作为“斗争对象”，饱受折磨。这一时期的教育目的就是“培养德、智、体全面发展的社会主义建设者和接班人”，工、农、商、学、兵等各行各业的“社会主义的建设者”都是名义上的国家、集体或企业的主人。“只见森林，不见树木。”个体经营作为“投机倒把”是严厉打击对象，根本没有个人创业可言。具有主观能动性和创造性的个体及其团队只有在集体而且是纯粹的国家集体中才能存在和发挥作用，创业也只是在国有集体的领导下或者国有集体中共同发生，以培养个体创业者为目的的创业教育也就无从谈起。到1978年，8亿多人口的中国，只有城镇个体工商户14万余，沧海之一粟，无足轻重。全国上下“大锅饭”，干多干少、干好干坏一个样，短缺的、计划的供销体制，城镇人口凭票供应，绝大多数处在温饱线上，1亿多农村人口的口粮在每年300斤以下，徘徊于饥饿的边缘，新中国人民的积极性和创造性被导入非经济甚至反经济领域，全国人民发展生产的热情和能力被严重挫伤，社会生产力受到重创，国家经济遭到严重破坏。

十一届三中全会以来的改革开放以及社会主义商品经济、社会主义市场经济的实行，使民营、私有、个体等经济制度不断发展和完善，新时代的创业浪潮此起彼伏。涌现了一大批创业者，形成了几种典型的创业类型：如，以浙江万象集团鲁冠球为代表的在“社队企业”基础上创业的乡镇企业，占据中国工业的半壁江山；以浙江娃哈哈集团宗庆后为代表的校办企业的社会化集团化发展；以四川希望集团刘永行为代表的不堪忍受贫困生活现状而逼上创业道路，已经成为战胜外国竞争对手的民族工业支柱；以联想集团柳传志、用友集团王文京等为代表的创业者作为国家机关和科研工作者放弃“铁饭碗”，“下海”创业，引领中国高科技企业的潮流；以华为集团任正非为代表的部队转业后下海创业的；有步步高集团段永平、商务通集团张征宇等为代表的学生创业者；也有华普的剪英海、重庆宗申的左宗申为代表的个体户的成功创业；还有搜狐的张朝阳、亚信的田溯宁等为代表的出国留学生回国创业的“海归派”创业者；以及创维集团的黄宏生、海王集团的张思民等为代表的放弃外企、大企业、三资企业高额待遇和发展前途的经理人自创企业的创业者等等，这些创业者拯救了中国企业界，是中国新经济发展的中流砥柱。而此时的中国只是处于经济短缺、人才匮乏、百业待兴的时代，还没有形成创业者健康成长的环境，许多创业者也没有能够具备一个创业者应该具备的综合素质，更多的创业者是出于对现实生活和工作的不满，而去开创让自己向往却没有足够的心理和能力准备的事业。大浪淘沙，三株、巨人、爱多、秦池等一大批优秀的创业企业，只经历了短暂的辉煌就“英年早逝”。这也是内外因共同作用的结果。

直到进入20世纪90年代后期，经济全球化以及以电子信息技术为核心的知识经济改变了整个世界的经济结构、社会结构以及职业结构。快速发展的中国社会主义市场经济，特别是加入WTO以后，与国际接轨，适应世界潮流，按照通行的规则和标准，调整经济结构、发展新型经济也就成为必然。中国相继出台了一系列与国际接轨和推动创业者创业的政策，可以说创业者成长和创业的环境也已逐渐成熟。

适应经济社会的发展要求，我国高等教育作出了准确而快速的反应。我国高教改革的一个重要方面是打破免费高等教育和毕业生国家分配制度，取而代之的是交费上学以及双向选择、自主择业的毕业生就业市场的形成：高等教育由培养精英向大众化转变，重心下移，毕业生由原来的国家干部身份转为就业者这样一个合理的定位。高校招生计划数与公有制单位的用人预测数脱钩而取决于居民家庭送子女深造的欲望和经济承受能力以及高校的吞吐能力；高校培养人才的最直接目的由仅仅或主要满足公有制企业、事业单位和行政单位部门的需要转向提高全民的科学文化素质。这样，按照市场要求培养人才，把人才推向市场，受教育者也能够自觉地按照市场要求的人才标准以及自己的兴趣和志向选择专业，活化了人才素质结构，必然推动经济结构的多元化发展。

二、我国高校创业教育的缘起与发展概况

（一）我国创业教育的缘起

1989年11月底到12月初，“面向21世纪教育国际研讨会”在北京召开，会议强调通过教育培育的21世纪的劳动者应该是“最全面发展的人，将是对新思想和新机遇最开放的人”①。在这样的背景下，会议报告在论述21世纪的教育哲学问题时，提出了一个全新的

① 学会关心：21世纪的教育——圆桌会议报告［R］．教育研究，1990（7）．

概念“enterprise education”，即创业教育的概念。

1987—1991 年，联合国教科文组织亚太地区办事处教育革新为发展服务计划（APEID）发起了“提高青少年创业能力的教育联合革新项目”（Joint Innovative Project on Education for Promoting the Enterprise Competencies of Children and Youth），作为创业教育一个改革和研究项目，围绕这一项目，亚太地区办事处从 1989 年到 1991 年召开了三次国际性会议，中国参加了这一项目。

1990 年下半年，中国作为项目国家，由国家教育委员会基础司劳技处牵头，成立了该项目的国家协调组，并以北京、江苏、湖北、四川、河北、辽宁等省市为项目单位，进行创业教育的实验和研究。从 1990 年下半年到 1991 年底，各项目单位积极进行实验与研究，取得了很多创新性的成果。

作为项目组成员的江苏省，由江苏省教育科学研究院南通市教育科学研究所、如东县教育局和教科室等单位首先承担了从 1990 年到 1991 年的第一阶段研究工作。本阶段研究工作以如东县的童店乡、浒泠乡为实验点，从成人教育领域入手，理论研究与实证研究相结合，取得了突破性的进展。1992 年初，课题组成员同时在全国各教育理论刊物上集中发表了相关研究成果：1992 年第一期《教育研究》，《关于创业教育的若干问题》（作者为毛家瑞、彭钢、陈敬朴）；1992 年第一期《教育评论》，《创业教育的目标、课程与评价》（作者为毛家瑞、彭钢、陈敬朴）；1992 年《上海教育与科研》，《继续教育领域实施创业教育项目研究报告》（作者为彭钢、陈敬朴）；1992 年《江苏教育研究》，《农村教育综合改革与创业教育》（作者为毛家瑞、马维娜），《素质教育与创业教育》（作者为：彭钢、蔡守龙）。

1992 年，江苏省的“创业教育理论与实验研究”被列为国家教育科学“八五”规划课题。从 1992 年到 1994 年，作为整个研究的第二个阶段，创业教育的实验扩展到 5 县、13 个乡、8 所职业中学、13 所初级中学，从成人教育领域推进到基础教育和职业教育领域。1993 年 4 月，江苏省“创业教育理论与实验”课题组又推出一项重要的研究成果：《创业教育系列丛书》（主编为毛家瑞），其中《创业教育的理论与实验》（彭钢著）与《创业教育的目标、课程与评价》（马维娜、张鸿兵著）集中总结和反映了创业教育在实践探索中的主要理论问题。以上的实践和研究为我国高校创业教育的诞生奠定了良好的理论与实践的基础，并有力地推动了我国创业教育的开展，但这项实验未能推广和坚持下去，因而没能成为全国教育改革的主流。

自1994年起，联合国教科文职教国际合作项目UNEVOC将小企业创业技能课程开发作为面向21世纪的三个重点项目之一。我国作为亚太地区UNEVOC成员国积极参与了这一活动。1994年6月，在澳大利亚召开了亚太地区小企业创业技能课程开发研讨会，中国、澳大利亚、韩国、马来西亚、印度尼西亚、印度和巴基斯坦的职教专家，共同编制了课程大纲及2000年实施计划，这一课程约200学时，将首先在项目参与国的职业学校中开设，目标是培养职业能力与创业能力兼备的人才，争取使更多的职校毕业生成为有胆有识的适应市场竞争要求的经营者。1996年6月，在北京召开了小企业创业技能课程开发核心小组会议，中国、澳大利亚、印度和巴基斯坦等国的代表参加了会议。会议在1994年课程纲要的基础上研究确定了教材编写的原则与分工。1997年，在西安召开的课程开发国际研讨会上，结合国际项目提出了在国内开展创业教育实验的计划。这一项目得到了职业教育领域的积极响应，山东青岛市编写了创业教育教材；江苏省在全省职业学校普遍开展创业教育课；湖南省在许多地区开展了农村创业教育；北京市下达文件，制定教学大纲，编写了创业教育教材，在全市职业学校全面开展教学活动；陕北、河北、四川、广西等地也相继开展了创业教育活动，并取得了一定的实效。

随着高校毕业生就业问题逐渐突出，高校创业教育在国内也渐渐得到重视。2002年，教育部正式确立了八所试点高校（中国人民大学、清华大学、北京航空航天大学、上海交通大学、武汉大学、西安交通大学、黑龙江大学和南京经济学院）实施创业教育，以推进高校创业教育工作的开展。因此，在这些大学的带动下，国内其他一些大学也纷纷以各种形式开展创业教育活动。

（二）我国高校创业教育的发展概况

20世纪90年代，中国高校在实施素质教育包括人文教育、创新教育等方面，紧跟世界高等教育思想变革的发展趋势，作了较深入的研究和探讨。然而，在为高新技术产业培养创业型人才方面，对其紧迫性似乎认识不足，对创业教育理念的回应也显得有些迟缓。不但对创业教育的理论研究得不多，高校中创业教育的实践探索也很少。

中国高等教育对创业教育理念的正式回应，始见于1998年12月24日，在国务院批转教育部的《面向21世纪教育振兴行动计划》中，文件提出了要“加强对教师和学生的创业教育，鼓励他们自主创办高新技术企业”。从此，中国高校对创业教育这一时代召唤开始作出积极回应。

2000年1月11日，全国高校技术创新大会上，教育部公布了新政策。这项政策规定：大学生、研究生（包括硕士、博士研究生），可以休学保留学籍创办高新技术企业。参加此次会议的84所高校校长们也宣布：允许科技人员离岗创办高新技术企业、中介机构，并可在规定的时间内（原则上为两年）回到高校竞争上岗。许多地方也相继出台一些政策与措施，帮助和鼓励大学生创业。

我国的创业教育是随着创业活动的开展而逐步展开的。创业教育主要经历了两个发展阶段：第一阶段从1997年到2002年4月，是我国高校自主探索阶段。1997年“清华大学创业计划大赛”正式拉开了我国高校开展创业教育的帷幕。1999年，团中央、中国科协与全国学联联手举办全国首届“挑战杯”大学生创业大赛。1998年，清华大学在国内管理学院中率先为MBA开设了“创新与创业管理方向”，其中包括8门课程，即《创业管理》、《创业投资》、《新产品开发》、《项目管理》、《企业家精神与创新》、《知识产权管理》、《技术创新与制度创新》等。而且在以后每年举办的创业大赛期间，学校组织各种创业相关知识的讲座和培训，普及广大学生的创业知识。

上海复旦大学开始尝试将学生创业教育融入教学中；华东师大尝试开设了《创业教育课》；北京航空航天大学也为本科生开设了《科技创业》的课程。在创业实践方面，北航科技园、北航科技孵化器等机构还为学生创业给予支持，并帮助解决注册难、筹资难等实际问题。此后，国内许多高校也纷纷采取相应措施，举办大学生创业大赛、开展创业教育、支持创业活动。大学生中涌现出一股前所未有的创业潮。

我国创业教育发展的第二阶段是从 2002 年 4 月至今，是政府引导下多元化发展的阶段。2002 年 4 月，教育部正式发文确定清华大学、北京大学、中国人民大学、北京航空航天大学、上海交通大学、南京经济学院等 9 所高校为创业教育试点院校，这一期间，教育部先后多次召开创业教育试点院校座谈会，2003 年下半年教育部举办了第一期创业教育骨干教师培训，来自全国 100 多所高校的 200 名教师参加了培训。这一举措标志着创业教育纳入教学的正式开始。在政府的引导下，各高校创业教育活动得到蓬勃发展。许多学校都采取了相应措施开展创业教育，如，清华大学将写字楼以半价租金出租给学生创办公司；北京航空航天大学通过创业培训学院、科技园和科技孵化器，为大学生搭建了一个务实、系统的创业平台；上海交大利用两个课堂开展创业教育，学校拨出专项资金，鼓励学生进行有技术含量、有创新理念的创业活动；中国人民大学通过开设《企业家精神》、《风险投资》、《创业管理》等课程，将第一课堂与第二课堂相结合来开展创业教育；武汉大学则以创业教育试点为契机，把创业教育理念渗透到学生的课程和学习生活中；厦门大学从 2003 年起就为 MBA 开设创业管理课程，2005 年又推出全校性选修课《大学生创业计划与实践》，该课程已被纳入学校就业与创业指导培训课程模块；复旦大学专门拨出 100 万元，实施学生科技创新的行动计划，学校还与浦东张江高科技园区设立 1 000 万元的创业基金；华东师大开设了“创业教育课”；等等。这十年来，国内一些重点大学开始不同程度地实施创业教育，并形成了一些成功的经验。

1. 清华大学创业教育体系

清华大学创业教育在全国范围内开展得较早，有着许多成功的经验。1998 年，校团委在多年学生课外科技活动基础上，组织了首届清华创业计划大赛，首次将“创业”这一概念与在校大学生建立起生动的联系。1999 年，清华第二届创业计划大赛举办之时，正值网络经济火爆、知识英雄频出之际，“视美乐”、“易得方舟”等首批学生创业公司获得巨额风险投资，成为高校大学生创业教育成功吸引资金的典范。

在创业教育教材与模式的选择上，清华大学就业指导中心选择了由联合国劳工组织开发、共青团中央引入中国的 KAB（Know About Business）创业教育系统课程，清华大学作为 KAB 项目的首批 6 所试点院校之一，积极参与了该项目的建设和推广工作，并于 2006 年春季学期，面向全校本科生开设了《Know About Business 大学生创业基础》（简称 KAB）32 学时、2 学分的选修课程。在整个课程开展过程中，始终围绕着三个方面的目标：第一，提升学生的创业意识；第二，帮助学生了解商业运作的基本规律和过程，掌握初步的创业技能，借此更加深入地理解职业环境；第三，帮助学生认识并提升超越创业选择本身的创业精神和重要的职业素质，包括沟通能力、团队合作能力、创新能力、项目管理能力等，提高毕业后的职场适应能力和竞争力①。

清华大学还创建了创业孵化园，为创业者提供相关政策、法律、资金、管理运营模式、人力资源等方面的帮助。1999 年 8 月，首批 11 家公司入驻有孵化功能的清华创业园，学生参与创业的公司占大多数。

2. 北京航空航天大学创业教育体系

北京航空航天大学创业教育体系以提高学生的创业知识、创业技能为侧重点。其特点是商业化运作，建立大学生创业园，教授学

---

① 韩威，欧阳沁：清华大学把创业教育融入职业生涯辅导［J］. 中国大学生创业，2001（3）.

生如何创业，并为学生创业提供资金资助以及咨询服务。学校成立“创业管理培训学院”，该学院与北航大学科技园、北航孵化器紧密合作，注重实践环节，努力为学生个人发展和创业企业的成长提供直接有益的服务，力争成为21世纪高校教育培训的开拓者与成功者，成为国内知名的创业教育基地和中小企业家的成长摇篮。北航创业管理培训学院下设七个中心，分别是创业教育中心、项目管理中心、物流研发中心、考试服务中心、对外合作中心、外语培训中心与英国高等教育文凭办公室。专门负责学生创业相关事务，学校还设立30万元创业基金，对学生的创业计划书经评估后进行种子期的融资。

3. 中国人民大学的创业教育方式

中国人民大学的创业教育方式主要以提高学生整体能力和素质为侧重点，该模式的特点是强调创业教育重在培养学生的创业意识，构建创业所需要的知识结构，完善学生的综合素质，他们将第一课堂与第二课堂结合起来开展创业教育。在第一课堂上，调整教学方案，加大选修比例，拓宽学生自主选择空间；开设《企业家精神》、《风险投资》、《创业管理》等创业教育系列课程；改革教学方法，倡导参与式教学；以鼓励学生创新思维为导向，改革考试方法等。在第二课堂方面，学校不以功利性为导向，鼓励学生创造性地投入各种社会实践活动中，通过开展创业教育讲座，以及各种竞赛活动等方式，形成的专业为依托，以项目和社会为组织形式的“创业教育”实践群体。

4. 上海交通大学的“综合式创业教育”

上海交通大学以“三个基点”（素质教育、终身教育和创新教育）、“三个转变”（专才向通才转变、教学向教育转变、传授向学习转变）为指导思想，确立创新人才的培养体系的基本框架和内容。该校认为开创创业教育的最主要目的，应该是培养学生的创新意识和创业理念，重点应该在学生的素质培养上，把创业教育的核心目标定位在培养学生的创业素质上。

在实验教学方面，学校投入8 000多万元建立了若干个实验中心和创新基地，全天候向全校各专业学生开放，以培养学生的动手能力。在第二课堂方面，以社会活动为依托，以竞赛活动为载体，推动创业教育的开展。学校实施“科技英才计划”，设立学生“科技创新基金”，资助学生进行科技创新活动，同时，还成立专门的科技创新实践中心，对学生的创业、创新活动进行指导、咨询和评价。举办大学生创业大赛，并创造条件，尽可能地将竞赛中选拔出来的成果向应用端延伸，使学生成果走向产业化。同时，学校允许在校学生休学创业，并鼓励毕业生自主创业。

5. 浙江大学创业教育体系

浙江大学从国际一流大学的高标准出发，吸收各国著名大学（如，哈佛大学、麻省理工、剑桥大学等）培养高科技经营人才的先进经验，浙江大学于2000年在全国大学中率先构建“高科技产业创新与创业管理强化班”，研究全新的高科技产业化经营人才的培养模式。学校每年9月开学初从全校三年级学生中选拔60名左右的学生组成“竺可祯创新与创业管理强化班”。招生采用学生自愿报名，学校根据学生成绩、工作能力、科研与获奖情况及其经营管理潜在素质等，经过面试考核后择优录取。由于强化班创新实用的办学思想和目标，独特先进的教学方式，雄厚的师资力量，强大的科研支持，宽松的教育环境以及不断提升的良好声誉，每年吸引了全校各学院的优秀学生前来报名，为强化班的建设和培养目标的实现奠定了良好的基础。

同时，浙江大学意识到研究生扩招带来的研究生就业压力增大的问题，落实系列政策，支持研究生自主创业。

（1）实施研究生挂职锻炼计划，从1996年开始，浙江大学每年选派研究生到地方政府机关、企业等担任乡镇长助理、总经理助理等。同时，采取多种激励机制，争取研究生及其导师的重视和支持。

（2）出台鼓励研究生停学创业政策，该项政策于2000年一出台就得到部分研究生的积极响应。浙江大学允许下决心创业的研究生，在办理了停学手续后，实施创业实践，在创业一到两年后再回到学校复学读书。停学创业与毕业后创业的区别在于，停学创业仍然留着后路，不成功可以回到学校。通过这种形式，让研究生在校期间就尝试了创业活动。

(3) 开展形式多样创业指导活动，指导成立学生创业社团，举办创业计划大赛，邀请创业成功的著名企业家来校为学生开讲座等。

(4) 宣传地方政府鼓励创业的新政策、新举措，学校十分注重向研究生宣传全国各地政府特别是浙江省各地政府鼓励创业的新政策、新举措。如，浙江省余姚市、金华市、德清县以及杭州市的各区、县，近年来在人才引进、完善人才工作机制方面加大了力度，为各类人才营造了良好的创业环境，浙江大学为此作了大力宣传，不仅为研究生提供了创业的信息，也激发了研究生的创业热情。

三、我国高校创业教育特点

(一) 起步较晚，发展势头良好

由于计划经济体制的影响和高等教育发展相对滞后为我国创业教育的发展带来了一定的阻力。创业教育在我国只有短短十几年的历史，没有形成完善的课程教学体系，缺乏专业经验丰富的师资队伍。但目前创业教育受到党和国家的重视。政府制定了一系列政策扶持高校大学生进行自主创业。各地青年团组织在团中央的带领下，纷纷开设青年创业大讲堂，创业知识竞赛等活动。我国创业教育发展势头良好。

(二) 尚未形成教育体系

教育体系的形成需要时间和经验的积累历练。我国高校创业教育尚处在萌芽发展时期。我国高校的创业教育主要是借鉴国外成功的创业教育模式，比如，美国百森商学院的创业教育模式、新加坡南洋理工大学的创业教育模式。同时，引进 KBA 课程，满足高校大学生对创业教育的需求。这种依赖外来的教育模式没有形成自己的体系，无法完全适应中国大学生的需求。

(三)“创业计划大赛”成亮点

中国创业计划大赛在全国范围内如火如荼地开展着。最为著名的是清华大学的创业计划大赛和共青团中央、中国科协、教育部和全国学联共同主办的“挑战杯”中国大学生创业计划竞赛。通过创业计划大赛，高校大学生可以通过创业计划书，提供创新点，设计创业项目参与其中，高校学生可以得到专业的辅导咨询、实践模拟等。成功获奖的作品，更有可能吸引风险投资，走向商业市场。创业计划大赛成为高校大学生自主创业的一条捷径。

四、我国高校创业教育存在的主要问题及其原因分析

我国创业教育虽然呈现出蓬勃发展的势头，但与国外创业教育的发展状况相比还存在着很大的差距，离学生的创业需求也相差甚远。根据厦门大学管理学院木志荣的调查报告，在调查的 18 位大学生创业者中，有 13 位创业者（占 72.2%）回答学校教育对其创业活动影响较小或没有影响。当问及是否在学校接受过创业教育时，有 14 位回答没有，占 77.8%。这个调查结果一方面说明在我国现有的教育体系中缺乏创业创新意识的培养；另一方面也说明我国大学创业教育的普及程度低，并非所有想创业的学生都能接受到学校的创业教育。另外，调查还发现，94.5% 的创业者认为创业教育有必要或非常必要；5.5% 的认为创业教育无关紧要；认为创业教育不需要的创业者一个都没有①。

在天津召开的首届创业学教育研讨会上，众多创业学专家学者总结了我国创业教育的现况：从我国高校的创业教育和大学生创业活动的现状和形势来看，我国创业教育仍处于较低水平和初级阶段，这与我国当前的教育水平、经济发展程度、人才培养模式和资本风险意识等有直接关系。因此，我国的创业教育还处于启动或萌芽状态。当前中国在高校推行创业教育至少面临以下几个方面的问题：

（一）对创业教育的认识不够

对创业教育的认识不够主要表现在对创业教育重要性认识不足，

---

① 木志荣．我国大学生创业教育模式探讨［J］．高等教育研究，2006（11）．

没有把这项工作放到应有的位置上。从中国高等教育对创业教育理念的正式回应（1999年）至今，已有十余年之久，从目前高校师生的思想状况看，存在认识不统一、不到位现象。

1. 高校管理者的认知偏差

（1）许多高校管理者认为创业教育只是就业指导的一项内容，对创业教育还停留在技巧、心理、政策、形势分析等方面的指导，对毕业生进行创业意识、创业精神和创业能力的教育还未引起重视，没有形成系统的创业教育体系，而是停留在搞搞创业讲座，举办创业计划比赛等基本的层面上。

（2）许多高校管理者很少考虑如何充分发挥学生的主观能动性和创造性的潜能，忽略了学生个性的发展和创造性的培养，忽视了人才素质的全面发展，认为大学生在校期间把专业知识学好就可以了，无须创业教育。这是一种典型的、狭隘的、片面的、静态的、封闭的、传统的就业教育观念。

2. 大学生的认知偏差

（1）许多大学生认为创业是找不到工作的无奈之举，他们认为只要拥有大学毕业文凭，将来就会出人头地。从而导致学生在大学生活中，不注意自身综合素质的培养，一味只看学习成绩，重学历，不重视学习方法和创新意识的培养，只想毕业后能够找到一个安逸、体面、收入高的工作，而未考虑自主创业。

（2）多数学生认为创业教育是对少数创新能力比较强、学习成绩非常优秀的学生开展的教育，而大部分学生是难以涉足的，故不重视学校有关创业教育中培养大部分学生创业意识、创业精神和创业技能的学习与培训，未对创业打好坚定的基础。

3. 家庭和社会对创业教育认知不够

多数家长对孩子大学毕业后就直接自主创业没有很高的期望值，况且特别对于一部分家庭尤其是农村家庭或城镇低收入家庭来说供孩子读完大学已属不易，而学生自主创业又需要一笔不小的额外风险投资，所以他们不鼓励、不支持大学生创业。社会上也存在一些人对在校大学生创业持有一些看法，认为在校大学生创业是不务正业，荒废了学业，给大学生造成一些舆论压力。这些现象，都是对创业教育认识不够全面、不够深入的表现。

（二）对创业教育的理论研究不多

1. 高校创业教育理论研究不够深入

教育的发展在不同的历史时期会遇到不同的问题，教育本身与社会的发展总处在一种不断协调的关系之中，针对创业教育这个新问题，教育科学研究部门及高校本身需要不断地加以系统研究、探讨，形成一套完整的理论体系。从 1994 年到 2007 年，创业教育理论研究在我国取得了长足的发展。但从目前的研究成果来看，不论是数量上还是质量上都还处于初级阶段。由于高校创业教育的理论研究不够，系统理论论述薄弱，加上对创业教育实践总结不够，导致理论研究不能够充分发挥对实践的指导作用。

2. 高校创业教育学科基础薄弱，脱离学科专业教育

创造学自 20 世纪 80 年代传入我国后，虽然有了一定的发展，但就目前高校的总体而言，除了少数重点大学开展创业教育外，国内绝大多数高校，特别是理工科院校对创造学的发展历史、研究内容、研究方法、主要分支及其研究规律等知之甚少。即使是重点大学开展创业教育，主要停留在创业计划竞赛的指导和就业指导层面上，没有开设系统的创业教育课程，很难全面地提高学生的创业素质，无法在校园内形成创新、创业的浓郁氛围。

目前，我国的创业教育，由于没有融合于学校的整体教学体系中，与学科专业教育的开展并未形成有机联系，只是利用课余时间进行创业教育。这种做法的直接后果就是使创业教育脱离学科专业，使学生失去自身专业优势的有利依靠。因此，应清醒地认识到创业教育绝不能脱离知识教育和专业教育而孤立地进行，因为人的创造性是不能像具体技能和技巧那样教授和传授的，它必须通过现代科学知识和人文知识所内含的文化精神的熏陶和教化才能潜移默化地生成。

创业教育不但不排斥知识教育和专业教育，而且必须更深地依赖知识教育和专业教育，关键的问题是如何改革现有的教学内容和

教育体制。创业教育在西方国家的大学中已有较长的历史，高校重视培养学生的创业精神，通过开设系列课程，传授创业知识和技能。而我国尚未在高校中开设创业教育系列课程，仅有部分高校进行了试点，试点也主要停留在就业指导层面上，并没有开设系统的创业教育课程，很难全面地提高学生的创业素质，无法在校园内形成创新、创业的浓郁氛围。

（三）创业教育师资队伍不足

1. 缺乏具有创新、创业意识的师资队伍

实施创业教育的前提和基础是教育者要具有创新创业意识和创新创业思维。现在大部分教师还是采取“传习式”教学方法，培养单学科“知识型”人才。很多老师的观念仍然保守，认为学生只要学习好，能够顺利毕业就是好学生，并不提倡学生从事自主创业。一方面，这是老师缺乏创业的意识、创业精神、创业知识和创业能力的表现；另一方面，这也是老师害怕承担责任的表现。因此必须要改变师资现状，要从目前的知识型、传授型向智能型、创新型、全面型的人才转化。学校要制定激励机制，充分调动教师的创新积极性，营造有利于教师开展创新教育教学活动的氛围，要组织教师深入研究激发学生创新意识、创新能力的方法及途径。大力培养一支具有创新创业意识的师资队伍，积极创造各种条件，逐步增加教师的创业意识，努力锻造一支符合本校创业教育实际、能够勇于探索创业教育的师资队伍。没有一支具有创业意识和素质的师资队伍来引导，创业教育的实施只能是空中楼阁。

2. 缺乏高素质、专业化的师资队伍

创业教育成功与否与教师的水平息息相关。从事创业教育的教师除有较高的理论水平外，更应具备丰富的创业实践经验，而我国目前在高校中从事创业教育的教师大多缺乏实践经验，没有自身创业经历，还停留在纸上谈兵的阶段。承担创新创业教育任务的教师与其他课程的教师最大的不同就在于，他不仅要教给学生创业必备的知识，更重要的是能通过互动式的教学，从思想上深入激发学生创新创业的欲望，从而调动他们的潜能，去从事创新创业活动。目前，高校开展创业教育教学和培训的教师一般来自两个方面，一类是原先从事企业管理学科教学的教师；另一类是学生就业工作指导老师。他们共同的弱点就是其自身缺乏创业经历，在为学生进行创业教育培训时，知识的讲授多于实践经验。为此，高校应采取有力措施解决创业教育中专业化教师匮乏的问题。

（四）创业教育资源不足

我国是一个拥有十三亿人口的大国，生产力发展水平相对落后和人口众多的国情使我国教育资源严重不足，教育资源不足的状况必将对我国创业教育的开展产生巨大影响。

1. 教育人力资源不足

教育作为一种培养人的活动，它的资源组成之一——人力资源——既可以体现在生产者上，又可以体现在生产的“产品”上。从广义上讲，凡是与教育有关的人士都属于教育的人力资源。从狭义上讲，教育人力资源主要指从事教育工作和为教育服务的人员。就狭义的教育人力资源——教师——而言，我国大学阶段的教师总量存在着不足，部分高等学校的普通文化课教师尚且缺乏，更不用说在创业教育师资数量和质量上的保证了。

2. 教育财力资源不足

教育财力资源即人们通常所说的教育经费。我国在教育财力资源方面的不足体现在国家教育总体投入占国民生产总值（GDP）比例上的不足（一直未实现教育投入达到 GDP 的 4%）。财力资源不足的状况直接影响我国教育的整体发展的进程。虽然创业教育实施所需的财力部分来源于社会上的资金捐助，并非像义务教育一样全部由国家研究承担，但是国家也应当承担少部分创业教育费用。在我国目前生产力发展水平不高，现有教育投入水平较低的情况下，国家对创业教育实施的财力支持必然会十分有限。

3. 教育物力资源不足

教育物力资源就是通常所讲的“硬件”条件。在我国，由于教育内部各种支持系统的能力不足，特别是受教育投入等因素制约，所以我国还普遍存在办学条件差，教学基础设施落后，教育技术现代化程度较低等问题。物力资源是有效开展创业教育活动的前提条件之一，我国在教育物力资源上的不足必将对教学方式方法的选择产生巨大的负面作用，从而使教学的灵活性、生动性受到影响。

（五）创业教育的文化氛围不浓厚

1. 缺乏良好的校园创业文化

高校所处的文化环境主要包括校园文化和社会文化两种类型。其中，校园文化既体现为一种观念也体现在学校的制度和物质环境中，它对创业素质的提升具有整体引导、塑造和培养的功能，具有耳濡目染、点滴渗透的效果。把创业教育寓于校园文化建设之中，对学生思想行为可以产生持久而深入的影响，并能有效地诱发受教育者的某些创业意识和心理品质。然而，目前我国多数高校尚未形成一个完善的、健全的、浓郁的创业文化氛围，学校内部的文化氛围、培养目标、激励导向、评价体系都未能向创业素质培养倾斜。在学校里无法感受到一种积极向上、不畏困难、勇于探索的创新创业气氛，有的只是一种归于平庸、虚度年华的窘态或是一种一心只读圣贤书的书呆子形象。大学生本应是具有朝气，富有激情的创业中坚，如果置身于这样一种封闭的、静态的、循规蹈矩式的“弱势文化”氛围中，必将掩埋掉大学生的创业激情和斗志。

2. 缺乏良好的社会创业环境

系统完善的创业教育文化环境，除了良好的校园文化环境外，社会文化环境也在很大程度上影响了大学生接受创业教育的主动性和积极性。因此，创业教育不仅仅是单纯的学校行为，而且还是政府、社会和学校的共同行为，它的实施是一项系统工程。就目前而言，社会传统文化给大学毕业生在创业的人际环境上带来了负累，社会对创业的态度也未形成支持、鼓励的氛围，这些外部环境因素对特别需要协作精神、创新精神和进取精神的大学毕业生存在较大负面影响。同时，对于政府层面，由于大学生并非我国现有创业大军的主体，工商、税务方面对高校毕业生创办公司虽有一些优惠政策，但从企业制度、人事制度、投融资制度上也未见对大学生创业具有很大帮助的特殊政策，目前还没有形成一整套支持大学生创业的政策和法规。

当前，许多高校对开展创业教育还停留在表面层面，还只是一种口号，对创业教育的重视程度严重不足。直接反映在没有真正理解创业教育的内涵和重要意义；没有形成完备的创业教育课程体系，创业教育仍处在“竞赛”的初级阶段，创业教育还停留于毕业生就业指导层面，图书馆关于创业教育方面的书籍少之又少等。所有这些问题直接导致创业教育无法真正有效地落实，无法发挥其应有的作用。

3. 开展范围不广泛

大学生创业教育赋予了浓重的精英色彩，开展的范围还不广泛。创业教育是一种创新创业的启蒙教育，是素质教育的题中之义，它并不苛求学生的每次创业实践都以成功作为圆满的结束，旨在向学生灌输一种意识，使他们的创新思维在创业过程得以激发和发展，这种教育重视的是事物的过程，而并非一味是事物的结果。而我国高校的创业教育由于始于创业大赛，从其诞生就附有极为浓厚的精英色彩。创业教育所关注的是少部分人的骄人业绩，而非普遍性的创业能力提高。多数学校设立的大学生创业机构和学生创业社团都是精英化的组织，大部分大学生因为自身条件限制不能参与其中，挫伤了大多数学生的创业积极性，创业教育没有在较大的范围内开展起来，因而导致大学生创业形成“其兴也勃，其亡也忽”的局面。另外，目前有些学者、专家认为创业教育只要由职业类院校来完成就行了，这对创业教育的实施发生了严重的、负面的导向作用。创业教育应是全民性的，是一种教育理念，应该在各级各类院校中落实开展。

（六）传统的教育模式影响了大学生创业教育的开展

近年来，高等学校在教育模式创新方面作了有益尝试，在教育思想观念、教学内容、课程体系、教学方式改革、教学手段现代化等方面都有了较大进展。但总体上看，改革尚未有实质性的突破，表现在仍然没有走出传统培养模式的框架。

1. 应试教育依旧盛行

培养学生的创造性是教育中不可或缺的，或者说是极其重要的。但在我国，受应试教育的影响，学生思维过于标准化。学生在接受教育的过程中，不断被知识的经验性和规律性所束缚，丧失了独立思考和想象的能力。本来在大学阶段，最应该做的是培养学生的各种基本能力和专业能力，但在大学里，学生还在时时刻刻地接受着来自于基础教育当中的传统考试方法，缺乏创新性和灵活性，以致在无数次的测验与考试之后，学生的创造性消磨殆尽。

2. 教育方式依旧封闭

在高等教育教学中，学生一般处于被动接受的地位，在课堂上主要以教师讲授为主。在这种教育方式下，学生的积极性被严重忽视，直接导致了其学习主动性的逐渐丧失，学生的思想和行为受到很大的束缚。在缺乏积极的启发与讨论情况下，学生的独立思考能力和创新能力得不到提高。教学中通常还是一块黑板、一支粉笔，单一的教学形式逐渐使学生丧失了学习的积极性和主动性，使学生学习越来越没有活力。学生学习的知识不能在实践中加以运用，知识吸收僵化。通过高等教育很多学生仍缺乏综合联想能力，所学的知识是独立的不能进行有机的联系，这样学习的知识还是死的，不能用于实践，这也使学生很快遗忘所学过的知识。

3. 素质教育依旧匮乏

《中共中央、国务院关于深化教育改革全面推进素质教育的决定》指出：实施素质教育，就是全面贯彻党的教育方针，以提高国民素质为根本宗旨，以培养学生的创新精神和实践能力为重点，造就有理想、有道德、有文化、有纪律的德、智、体、美全面发展的社会主义事业的建设者和接班人。这种素质教育旨在全面提高全体学生的基本素质，开发人的潜能，使学生得到全面的、和谐的、充分的发展，而创新教育则是素质教育的核心。因为创造力是人的一种最宝贵的高素质，每一个正常人身上都具有创造的潜力，人的整体素质的提高，其核心就是创造潜力的开发。我们培养的人才只有具有创新和开拓的应变能力，才能适应未来社会的各种挑战和竞争。

而创业教育又是在素质教育和创新教育的基础之上建立起来的教育模式，是素质教育、创新教育的具体化和再深入。然而反观现实的素质教育，在实施的过程中呈现反复的现象，距离理想和目标当中的素质教育还有很大的差距。

创业教育的关键是建立起培养既有扎实理论基础知识，又有较强的创业实践能力的高素质创业者的人才培养模式。而我国现行的高等教育通常脱离学生的创业性和创造性。在教学模式上，搞统一的教学计划，同一专业的学生以一种模式培养，忽视学生的个性特点，大多数高校的创业教育仅局限在校内和课堂内，还是一种较为陈旧、封闭的教育模式；在教学内容上，以专业为中心，以行业为目标，专业面偏窄，知识结构单一，人文教育薄弱，学生不能根据自己的需要选择学习内容，组建知识结构；在教学方法上，以教师为中心，教师没有充分调动学生的学习主动性，没有立足于培养学生的学习能力。课堂教学没有把创业能力的培养和专业知识的传授有机结合起来，而且教学内容陈旧，教学方法落后、途径单一。从而造成我国高等教育的培养模式千篇一律，同一类型和层次的人才过剩，社会所需的具有良好的创业能力、鲜明个性和创造性思维的人才严重不足，造成现有的大多数大学毕业生只能被动地求职，缺乏自主创业的能力。

因此，面对经济社会发展的新形势、新要求，必须重视引导和推动高等学校办学指导思想根本性转变。创业教育作为一种新的教育理念和模式，不但体现了素质教育的内涵，而且突出了教育创新和对学生实际能力的培养。“高等学校要树立新的人才观，明确高等学校是人才培养基地，要以满足社会需求作为发展动力，通过人才培养，促进毕业生创业和提高创业水平，增强学校竞争力和综合实力”①。

---

① 何艳玲，高芸，王蘋．高校毕业生就业难与开展创业教育的研究［J］．理工高教研究，2005（3）．

五、我国高校创业教育的展望与设想

创业教育是一项涉及全社会的系统而复杂的工程，它需要相应优化的创业机制，需要系统完善的创业教育体系，要进一步完善我国高校的创业教育，建立起学校、政府、社会三位一体的、科学有序的、优化高效的创业教育运行机制与体系是创业教育的关键。

（一）以小学、中学、大学学校教育为基点，改革我国创业教育理念与体系

创新精神不是仅在大学阶段能完全培养的，培养创业精神，应该从孩子抓起，从教育起始就培养学生的独立自主、敢于挑战、勇于质疑、善于创新的个性，向学生灌输一种创业的理念，并从小锻炼学生的实践动手操作能力。这样的培养基点才能为大学的创业教育打下良好的基础，才能使高校的创业教育得以顺利有效地实施。

1. 转变教育思想，变“适应性教育”为“创造性教育”

我国的教育长期定位于“适应性教育”。学校教育到目前为止，依然是应试教育模式占据主流，这是传统教育的致命弱点，也是束缚青少年创造力产生与发展的元凶，是教育改革必须解决的核心问题。只有转变这种教育思想，创业教育才能有其生长和发展的根基。

改变这种教育思想，要充分重视学生的个性发展，要承认青少年的兴趣爱好的多样性，为孩子们的多样化成长营造一种宽松的氛围，要容许孩子成长的差异性，鼓励学生积极探索、独立思考，培养他们敢于质疑、敢于挑战、敢于表现自我的个性；发掘学生的创新意识，培养他们的创造能力，鼓励学生动手实践，把创意与创造变为现实，全面改革我国学校的教育理念。

2. 学习国外经验，在中、小学教育中引入社会经济类基础课程，培养学生的商业意识，锻炼学生的实践动手能力

美国的创业教育已经形成一个相当完备的体系。在美国，从幼儿园开始到高中都开设经济教育课程。它不同于普通科目，是通过案例，让小孩或学生轻松地学习基本经营知识。例如，商品的价格

是如何确定的，如何才能销售商品获取收益等基本概念，让学生体验企业经营和股份投资，等等，教育内容丰富多彩。经济教育的目的是让小孩或学生认识经济自主的重要性，学会更有效地使用钱，让他们对经营有正确的理解，更加关心经营事业，培育创业意识。1998 年，美国还开始实施了《金融扫盲计划》，向中学生普及金融、投资、理财、营销、商务等方面的教育，积极培养“未来的经理人”。

20 世纪 90 年代，法国一些地区也已经开展了“在中学里办企业”、“教中学生办企业”等许多活动，以培养学生创业的兴趣和能力。

在日本，从 1998 年起，文部省就和通产省合作在小学开始实施“就业与创业教育”。日本小学课前有个“早起会”，敦促孩子们很早起来，利用课前的两三个小时给人送报纸、送餐饮搞勤工助学，这既是艰辛的创业教育，又是对将来创业的一种准备与尝试，目的是培养学生从小养成就业创业的心理意识及意志品质。

我国的创业教育也应该从娃娃抓起，注重培养孩子们的创新意识、创业意识及意志品质，以提高学生职业兴趣为目标，为日后的创业奠定良好的基础。

3. 深化高校教学改革，营造创业教育氛围，构建现代创业教育模式

没有教学改革的支撑，创业教育就只能是一个口号。我国著名的高等教育学家潘懋元教授曾指出：“创新精神与实践能力，或创业精神和创业技能，恰恰是我国高等教育的薄弱环节。因此，高等教育的改革，应在课程设置、教学方法，包括考试内容与方法方面下工夫”①。但教学改革是一个系统而庞杂的工程和活动过程，构建现代创业教育模式是这一工程的一个价值取向。

高校应加紧创业教育课程建设，把管理学、心理学、社会学、

---

① 潘懋元．高校毕业生应成为就业岗位的创造者．潘懋元论高等教育［M］．福建教育出版社，2000：65.

哲学、伦理学、文化学、人才学、政治学、经济学、法学、组织行为学等学科引入创业教育课程，形成内容丰富、涉及面广的创业教育课程群，建立现代化的教学内容和课程体系，包括突破学科壁垒的，相关学科互补的综合课程设置，并为创业教育课程设置提供可选择环境，努力打造精品创业教育课程，使学生成为符合社会需求的复合型人才；提高课程的实践化程度，创新“第二课堂”的创业实践，建立创业社团和创业指导中心，进行创业模拟实践，策划创业计划书大赛，把丰富的创业理论应用到多种形式的创业“第二课堂”中去，培养学生的创业素质，激发创业热情；让学生在实践中得到能力锻炼、开创性思维得到启迪；尊重学生教育主体的地位和自主的要求，灵活设置课程，顺应素质教育和创业教育的要求以满足学生人格、个性的发展。在教学方法上，高校要改革创业教育“第一课堂”的教学方法，变“满堂灌”、“填鸭式”教学为案例教学、讨论式教学、参与式教学和实践性教学；应该积极的探索能够充分调动学生参与的、利于其思想和热情表达的其他教学方式，如，探究式教学、开放式教学和个性化教学等。考核是教学过程的必要环节和重要组成部分，通过考核能够对教与学双向实际效果进行有效的质量评定、检测，规范和引导教师的教学行为，激励和引导学生学习。废弃以往以知识为中心、分数为唯一衡量标准，导致学生以模仿、记忆为目标，结果学生共性有余而个性不足，缺乏创业意识和创业精神的考核方式。应该建立以考察综合能力为宗旨的形式多样化的，结果具有反馈分析价值的考核体系。同时，注意完善相应的教学保障体系，继续投入资金加强创业教育教师培训和“双师型”教师的培养与引进，促使创业教育教师从单纯的教书匠向“双师型”和“多师型”教师转变；增加创业教育人员编制，完善高校创业教育制度，投入资金做大做强以注重创业意识、技能培养，创业项目、成果转化的“实体性”创业孵化基地的建设，加强创业教育的软硬件建设。与之配套建立一个开放的学生管理模式，在包括学分制和学籍管理等方面探索出一种更加灵活的管理机制，营造一个开放、宽松、有利于个性发展的育人环境。

（二）发挥政府宏观调控职能，为创业教育提供良好的政策扶持、法律保障、资金资助政务外部环境

当前我国社会急剧转型，产业结构大幅调整，高校毕业生初次就业率连续 4 年呈下降趋势的情况下，创业作为毕业生就业的重要渠道和为社会创造就业岗位，拉动经济增长的有效途径，应该引起政府的高度重视。

高校创业教育要顺利进行，创新创业教育制度是关键。这首先需要政府进一步转变职能，从管理型政府向服务型政府转变，从无限政府向有限政府转变，从宏观管理向微观管理转变，对创业教育提供一定程度的政策倾斜、法律保障和资金支持，为创业教育提供实实在在的服务，为创业教育提供一个良好的政务外部环境。创新高校创业教育制度，就必须按照政府调节、市场监督、社会服务、大学实施的要求，从健全大学生创业教育信息服务、技术咨询服务、市场指导服务、法律保障服务、资金支持体系、创业人才服务等方面建立一套科学、合理的创业教育资助体系，完善创业教育制度。

1. 政府应制定宽紧有度的创业制度、灵活便捷的创业政策

政府职能部门的创业制度、经济政策、法律法规等宏观因素无疑对新企业的创办、生存和发展都有着举足轻重的影响。从创业的制度环境来看，对创业的规定不能太严也不能太松，也不能静止不动，要本着规范新企业有序健康发展的角度，不断调整，做到松紧有度。制度过松，容易导致资金、技术以及产品和服务等社会资源的无效或低效配置和浪费，起不到企业对经济增长、科技创新等方面的推进作用。世界各国在鼓励和支持创业的同时，也都在制度、政策等方面进行了不同程度的限制，以抑制不良创业对社会资源的浪费；但是，如果制度过死，过严，譬如，新创业企业审批程序过于烦琐、融资渠道过于狭窄和苛刻、税费名目过多，市场秩序和公平竞争缺乏法律保障，都容易导致企业创办难、生存难，最终伤害创业者的积极性，限制了创业的活跃性。我国政府在创业支持政策倾斜与制度保障上工作力度相当不够，我国政府需要借鉴国外政府经验，为我国创业创造良好优质的环境与服务。

2. 政府应制定并完善与创业相关的法律与法规体系

美国、德国、法国等先进国家的创业教育都是以立法为前提的，仅在美国鼓励与支持创业的法律就有几十部之多，譬如《专利法》、《小企业法》、《经济复兴税法》、《小企业创新研究法案》、《小企业投资公司法》、《小企业投资促进法》、《投资公司法》等。国外高校创业教育经验表明，哪个地区的创业环境更优越，创业法制越完善，那个地区的创业和创业教育就越发达。中国的创业活动经过数年的发展，虽然取得了一定的成绩，但不管在理论探索上还是实践操作上都处于初级阶段。创业法制建设更是如此。没有法制约束的无序和随意的创业，必然影响创业者的积极性与创业成效。所以我国必须加强创业相关法律法规的建设，为创业者创造良好有序的创业法制环境。

我国与创业相关的法律法规从改革开放之初就逐步设立并实施，从1988年4月，全国人大通过的宪法修正案增加了“国家允许私营企业经济在法律规定的范围内存在和发展”的内容，到1992年，邓小平南方讲话以及以后公布实施的《乡镇企业法》、《公司法》、《企业法》、《合同法》、《关于科技型中小企业技术创新基金的暂行规定》提出等一系列推动创业的法律与法规。这些法律法规的制定和实施，对于引导、推动和规范新创企业健康快速发展起到了一定的促进作用。但是与先进国家相比，我们在法律法规的支持方面尚有很大的差距，还要从政策引导，制度保障、环境营造、规范服务等方面加强立法，确保创业者创业有法可依，有法保障，促进创业运作的健康、稳定、积极、有序地开展。

3. 以政府为主体，完善我国的风险投资体制，建立多渠道创业基金来源

创业资金的筹集困难，在我国的大学生创业中表现得尤为突出，其主要原因一是全国性的信用评估体制尚未建立；二是风险投资体制本身的不健全。这种现状导致了大学生创业资金来源中金融企业贷款、风险投资等途径遇到了很大的障碍。所以，加强我国市场经济建设步伐，完善金融、资本市场建设是在我国大力提倡大学生创

业和全民创业的先决条件。

针对创业投资问题，南京大学博士余波借鉴美国创业投资基金的发展经验，提出了对我国具有非常借鉴意义的“进一步完善创业投资的体制规划”，主要包括以下三点：“首先为了完善中国中小企业融资体系，更充分地发挥中小企业推进经济发展的作用，中国应加快建立和进一步完善创业投资机制，以解决中小企业创业融资的瓶颈约束。其次，为了促进中国创业投资业的发展，应尽快修改和完善《公司法》和《合伙企业法》，为创业投资基金的设立和运作提供更充分的法律保障。在《公司法》和《合伙企业法》修订之前，可以运用《公司法》等法律中的‘由国务院另行规定’条款，研究制定《创业投资企业管理暂行办法》，为创业投资基金按照公司形式和有限合伙形式设立提供特别法律保障。其三，应尽快完善创业投资政策扶持体系，在解决对创业投资企业的双重征税等问题的前提下，研究制定促进创业投资企业发展的税收政策，并通过设立规范的政策性创业投资基金支持商业性创业投资基金的发展”①。

（三）全社会提高对创业教育的认识，形成积极社会舆论，树立科学的创业观，构建全社会创业支撑体系

1. 提高全社会对创业教育的认识，形成积极正确的创业社会舆论

我国社会目前对创业及创业教育的认识还不够深刻，创业及创业教育的正面社会舆论氛围也远远不够，个体私营经济刚刚被列入“先进生产力”的代表并逐渐取得被认可的地位，而个体新创小企业并没有得到国家的重视与宣传，或者仅仅是作为下岗再就业的角度予以表彰的，而创业对经济的增长、对社会就业的推动及科技创新、知识转化、个人价值实现等重要意义以及鼓励个人积极创业的方面，也很少有相关的倡导与宣传。学校教育与家长的观念也都还受传统社会观念的影响，认为大学毕业生，就应该到正规的国家机构、国

---

① 余波．美国创业投资基金的发展及其借鉴意义［J］．世界经济与政治论坛，2005（3）．

有企业去工作，最次也要到外企工作，认为创业是不务正业，或没有能力找到好工作的下下策。创业理念不能得到社会公众舆论的认可，社会创业氛围的缺乏都是局限创业教育开展的重要因素，因此，有关理论界、政府职能部门以及教育实践领域都应该对此给予高度重视，加大研究力度、采取有效措施、营造创业社会氛围，以推进创业教育实践的快速发展。

社会要消除对创业教育的认识误区，抛弃急功近利的创业教育理念。特别是家长要抛弃学生创业就是无单位接收、没本事的错误观念，而应支持孩子可行的创业计划，在全社会形成创业光荣、创业者可敬的风气。全社会要形成正确科学的创业观。即树立“大创业观”，也就是大学生办企业，发展经济，满足人们各种需求是创业；在平凡的工作岗位上开拓进取，建功立业，为国家作贡献是创业；到祖国最需要的地方、西部和农村就业、创业，用所学的知识推动当地经济社会的发展也是创业。我们提倡大学生自主创业，树立“大创业观”，意在促进创业和创业教育形式的多样化。

2. 动员全社会创建成立各种创业支援体系

我国还应该由创业相关机构主导创建成立各种创业支援体系。创业支援体系在美国有着成熟的经验与有效的实施方法步骤，我们应该借鉴其精华来创建我国的各种创业支援体系。

美国的创业支援主体涉及“民、官、学”，美国创业支援主体并不是以政府为主，而是民间组织、教育机构和政府等多层次相结合。例如，民间非营利团体（NPO）与学校联袂对未成年人进行自立教育；美国中小企业管理局（SBA）对开业前的创业者进行技术支援等。美国政府的创业支持制度充分发挥了 NPO 和大学等机构在技术和教育方面的作用。因此，创业支援主体是“民、官、学”三者，其特点是以民间组织为主，以政府为辅，由教育机构参与。在创业的过程中，民、官、学三方支援主体有一定的分工与合作，形成整个社会的创业支持体系①。在美国社会上，就存在着各种各样的创

① 池仁勇．美国的创业支援体系剖析［J］．外国经济与管理，2001（1）．

业支持组织，少年成就教育项目就是一个例子。少年成就项目是在1919 年由一家大企业的经营者创办的社区经济教育活动，全美设有200 多个支部，以从幼儿园到高中的学生为对象，通过学校向学生开展经济教育。接受教育的学生每年有 300 万人。该项目开始只是作为课外活动，现在很多地方把它列为一门正规课程。项目的指导者并不是学校的教师，大多数是社区里的经营者，他们有丰富的实际经验，采用案例教育，学生容易接受。

我国应利用社会各个渠道，对创业教育给予资金、人才、技术、实践等各方面支持。高校创业教育的过程中需要大量的资金和资源，而目前我国创业教育的大多数资金来源是学校的创业基金，这部分的资金是极其有限的。创业教育迫切需要社会基金组织的介入，也迫切需要企业界的资金支持，需要社会有识之士提供人才与技术支持，还需要企业与社会各界为青年学生提供创业实践途径。

总之，创业教育是一个系统而复杂的工程，它不是高校“闭门造车”所能完成的事业，它既需要基础教育对青年创造力的培养为基础，也需要社会氛围与社会体系支持，更需要政府的政策引导与保障。只有建立起学校、政府、社会三位一体的、科学有序的、优化高效的创业教育运行机制与体系，高校创业教育才能得以优质、快速、高效的发展与实施。

第四章　创业教育体系

创业教育是一项涉及全社会的系统工程。政府应在创业教育中起核心作用，应鼓励开展创业教育，完善各项创业政策，做好创业服务。高等院校应完善运作机制，要制定创业教育目标，丰富创业教育内容，构建符合学校培养目标的课程体系，建立学分制、休学制、转学制等弹性学制与创业教育配套的教育制度，解决好专业课程和创业课程、创业课程与创业实践、实习基地与经济实体的关系，使学校产学研为学生创业服务，社会与企业、家庭也要大力支持创业活动，为创业者提供充分的人、财、物等方面的支持。

一、构建高校创业教育目标体系

创业教育，无论作为教育思想还是教育改革实践，都应当有自己的目标。创业教育目标，即创业教育的开展要达到什么样的预期目的，是开展创业教育的出发点，是实施创业教育的前提和基础。创业教育的目标是根据社会发展需要和人的发展需要综合确定的，是创业教育选择教育内容、明确教育方法、实施教育举措的出发点和归宿点。高校创业教育在确定自己的目标体系时，不可闭门造车，而要符合时代发展需要，以“三个面向”为基本原则进行教育设计。

（一）创业教育目标制定的依据

创业教育作为国家大教育体系的一部分，其培养目标首先应该与党的教育方针政策保持一致，体现社会主义教育的特征。联合国教科文组织要求把创业教育提到与普通教育和职业教育同等的地位，把创业教育列为与普通教育和职业教育并列的“第三本护照”，也说明了创业教育既不从属于也不依附于普通教育或职业教育，它应该有自己的教育理念和理论。同时，创业教育的目标应是时代精神的体现，但这并不是不分重点、面面俱到地陈述社会对受教育者的所有要求，而是抓住社会对人的新要求与教育不能满足或适应新需要之间的矛盾，来作为创业教育目标的重心。所以，创业教育目标制定的依据应有三个方面。

1. 创业教育目标的制定应该符合党的教育方针政策

党对教育的方针是“教育必须为社会主义现代化建设服务，必须与生产劳动相结合，培养德、智、体等方面全面发展的社会主义事业的建设者和接班人”，也就是说，教育不能与社会发展脱节，不能与实践脱节，要对学生进行全方位的培养。因此，创业教育目标的制定，既要顺应经济发展要求，又要结合社会实践来锻炼学生；既要注重知识、能力层面，又要注重意识、精神层面。

2. 创业教育目标的制定应该有别于普通教育和职业教育

创业教育与普通教育及职业教育既有区别又有联系。“首先，创业教育与普通教育、职业教育一样，是社会主义教育体系的有机组成部分，共同担负着提高民族素质，为社会主义建设培养接班人和建设者的任务。其次，它们有各自独立而完整的体系，彼此不可取代。尽管普通教育和职业教育中包含有某些创业教育的因素，但这种因素的存在是非自觉的，处于零散、间断、偶然状态；尽管也有某些创业教育的措施，但处于没有明确指向和固定目标，缺少周密计划和系统安排的状态。因此，我们既不能只顾及普通教育及职业教育而忽略创业教育，但又不能为了开展创业教育而放弃普通教育和职业教育。最后，创业教育可与普通教育和职业教育相结合相渗透。没有普通教育为学生提供的一般知识结构和一般智力，创业教育所要求培养的创业社会知识结构就缺少了形成的基础；没有普通教育为学生提供的健康个性和道德规范，创业教育所要求培养的开创个性、开拓精神、社会责任感和义务感就失去了生长的基础。同样，职业教育为学生所提供的职业知识、职业技能、职业规范等也是进一步进行创业教育的基本条件和发展背景。也就是说，创业教育不能脱离普通教育和职业教育为学生提供的一般发展水平和条件而首先进行或单独进行或凭空进行。但这并不意味着一定要接受完普通教育或职业教育以后，再进行创业教育”①。因此，创业教育目标的制定应该基于普通教育和职业教育的目标，但又不能等同于普通教育以知识为主，也不能等同于职业教育以技能为主。创业教育在知识和能力之外，还应有其自身独特的任务和目的。

3. 创业教育目标的制定应该抓住社会对人的新要求与教育不能满足或适应新需要之间的矛盾

我国目前普通教育和职业教育主要培养了学生对知识的学习和技能的学习，未能激发学生的创业热情，不能完全适应经济发展对个体的要求。主要表现为缺乏对创业意识和创业心理品质的培养。因此，开展创业教育，无论选择怎样的实施方案或模式，都不能忽视创业意识和创业心理品质这两个基本方面，它们不仅是创业教育目标的特有价值取向，也是大学生能否走出创业这一步至关重要的一环。

（二）高校创业教育目标的基本特征和目标设计的原则

1. 创业教育目标的基本特征

创业教育的目标具有时代性、综合性、实践性和多层次性四个基本特征。

（1）时代性。创业教育是时代的产物，其目标也具有鲜明的时代特征。

当今的时代是一个整体的时代。整体的政治、整体的经济、整体的文化、整体的生活生存方式使全球的联系日益紧密，合作日益频繁，因此，人们不仅要学会生存，而且要学会关心、学会负责、学会合作。创业教育培养目标中的社会责任感、社会道德感就是这一时代精神的体现。

当今的时代是一个开放的时代。世界各国纷纷从封闭走向开放，从工业产品到科学技术，从生活方式到思想观念、伦理规范、文化

① 彭钢．创业教育学［M］．南京：江苏教育出版社，1995：76—77.

传统都打破了国家的界限。开放的时代要求人们具有开放的意识、观念、行为，要求具有开放性的主体素质。创业教育培养目标中强调创业个性心理品质中的外向性、适应性、合作性等就体现了这一时代精神。

当今的时代是一个竞争的时代。它不仅表现在国与国之间、地方与地方之间，还表现在群体与群体之间、个体与个体之间。创业教育的培养目标要求受教育者有一定的经营管理知识、财政金融知识、信息获取知识和综合性知识，提高经营管理能力和综合性能力，形成良好的个性心理品质，就是为了使受教育者成为在市场经济激烈竞争中的获胜者。

当今的时代是一个变化迅速的时代。变化使人产生生存危机，要求人们随时应变，迎接挑战，要求人们更具有独立性、自主性、适应性，具有多方面的能力和本领。创业教育的培养目标使受教育者从具体知识的掌握转移到主动性学习和研究性学习态度、习惯和本领的形成；从一技之长的培养转变为综合性知识结构和能力的培养，从全面素质的提高到创业基本素质；尤其是创业意识和创业个性心理品质的开发，正是为了使受教育者具有更广泛的应变能力和耐挫心理，更主动地应对社会的急剧变化。

当今的时代是一个变革和创新的时代。它要求人们更多的自由创造、开拓创新。创业教育的培养目标着眼于开创型个性的培养，要求教育所培养出来的一代新人不仅能够担当文化传递的重任，而且能够承担文化创造的职责；不仅能够适应现代社会的急剧变化，成为合格的社会公民，而且能够推动社会的不断发展和进步，成为社会变革的积极参与者。

（2）综合性。综合性既是时代性的体现，又是时代性的进一步延伸。时代的整体性、开放性、竞争性、变化性、创造性要求人的主体素质具有总体上的综合性，而培养目标的综合性是当今世界教育改革的主要趋势。无论是复合型人才，还是创造性人才的表述都表明了现代社会和未来社会要求教育能够更全面、更综合地提高人的总体素质。从我国改革开放以来教育教学改革的趋势来看，从打好学生全面、扎实的知识基础的要求发展到培养智力的要求；从提高学生能力的要求扩展到形成健康个性的要求，综合性程度在培养目标的表述上逐步提高。创业教育培养目标也体现了这一教育改革的潮流。它尤其强调综合性知识结构和能力的培养，并将搜索信息、处理信息、运用信息的能力，发现机会、把握机会、利用机会、创造机会的能力，发现问题、分析问题、解决问题的能力等一系列综合性能力作为创业教育的主要任务和重点目标。

（3）实践性。创业教育培养目标的实践性与综合性应是紧密相连、相辅相成的。它既体现了综合性的要求，又是综合性的扩展与延伸。传统教育的一大重要弊端就是忽视、漠视甚至无视受教育者的社会实践能力和本领的形成。“学会数理化，走遍天下都不怕”的纯书生型的培养目标，“两耳不问窗外事，一心只读圣贤书”的封闭式教育，形成了一代又一代“大事做不来，小事不愿做”、“眼高手低”、“不切实际”的个性特征。创业教育的培养目标则充分体现了社会实践性。首先，它强调对学生动手操作能力的培养，要求学生不仅动脑，还得动手；其次，强调受教育者的社会行动能力的培养，要求具有在社会实践活动之中进行交往、公关、从事社会事务和社会活动的能力；再次，强调受教育者社会行为规范、处理各类社会问题能力的培养。这些实践性的培养使学生能够更好地适应现实生活，应对各种变化和挑战①。

（4）多层次性。创业教育目标还具有结构层次上的多样性，因而可以设计出内容丰富的创业教育培养目标体系。

2. 大学生创业教育目标设计的原则

创业教育目标体系的设计是实施创业教育的前提和基础，目标设计是否科学、合理、规范，直接关系到能否顺利地实现创业教育的预期目标，目标设计的原则应有整体性、灵活性和可操作性三个基本原则。

创业教育的目标体系必须符合全面性、整体性原则，才能全面

① 彭钢．创业教育学［M］．南京：江苏教育出版社，1995：276—281.

提高受教育者的创业基本素质。为适应受教育者的学习和发展，目标体系的设计和构建应具有一定程度的弹性，要能及时根据形势的变化作出相应的调整，并根据受教育者的特点进行灵活的处理，形成因地制宜、因需而变、因材施教的快速调整机制。另外，对于受教育者的学习掌握来说，目标设计越明确具体，也就越容易把握。只有切实可行的目标，才是可观察、可测量、可操作的，才能贯彻到创业教育的实践中去。

（三）创业教育的目标

一般说来，确定培养目标必须考虑社会对人才的需求，必须明确创业者素质哪些是可以培养的以及培养这些素质的最佳方法等。对这些问题的探讨，中外学者做了大量有意义的工作，这些工作对创业教育的实施具有一定的价值。高等学校要改变过去只强调有一定专业知识的专门人才，培养具有强烈创业精神和创业能力的人才，高等学校不仅是传授知识，更重要的是要培养能力。因此，可将创业教育的目标分为总体目标和具体目标。大学生创业教育的总体目标是：适应世界教育发展和改革的趋势，结合我国国情，培养具有创新能力和企业家思维的新一代复合型经济与管理人才。创业教育的主要任务是使受教育者具有较高的创业意识，在深入掌握专业知识和专业技能的基础上具备高层次的创业能力，形成稳定的创业基本素质和开创型个性特征，具有较高的发展潜力、竞争能力和社会适应性，能够创业致富，开创新的生活。大学生创业教育的具体目标可分解为认知领域和情感领域两类。认知领域的具体目标是领会、理解和把握有关创业知识，综合运用所学创业知识处理创业实际问题，通过求异思维、多向思维提出独到见解，力争能有新的突破和创新。情感领域的具体目标是认真、积极参加创业教育的学习活动，认识创业意识与创业心理品质的价值意义，完善创业素质以实现自我价值，在创业实践中对独立开展工作充满信心，不怕困难和挫折，善于与他人交往和合作，以坚定的信念和社会责任感来规划自己的未来。

为此，高等学校创业教育的目标应该在两个层面上开展。第一个层面是以强化全体学生创业意识、丰富学生创业知识、提高学生创业能力和技能、培养学生创业心理品质为重点的创业基本素质教育，这也是实施创业教育的共性目标；第二个层面是以少数学生为对象实施创业教育来培养学生开创性个性，这也是实施创业教育的个性目标。考虑学生未来社会能力的培养，高校创业教育的目标体系一般定位为：

1. 培养学生的主体意识

教育本质上是一种培养人的社会活动，而人的培养过程不仅需要有高水平的教师、良好的教学环境，更需要学生个体的积极参与。学生的发展是他人不可替代的，发展的主动权应该掌握在学生手里。创业教育着重于引导学生树立主体意识，摆脱依赖性、被动性、模仿性和简单适应性，形成自主性、主动性、创造性和独立思考问题、敢于挑战权威的优良品质。创业教育注重开发学生的自我发展、开拓进取的主体意识，注重把学生培养成具有鲜活个性、充满活力、不墨守成规、敢作敢为、具有发展潜力的创业型人才。

2. 培养学生的市场开拓意识

社会主义市场经济的发展，将使我国经济逐步与国际市场接轨，参与国际市场竞争，需要一批视野开阔、知识广博、具有市场开拓意识和雄才大略的创业者。对大学生进行创业教育，培养和强化学生的市场开拓意识，首先，要摒弃长期沉积下来的与落后市场相关的观念，进一步强化市场开拓意识，积极引导和帮助学生深入研究市场，把握市场机遇和市场风险，推进市场开拓。其次，培养独立的思维方式，勤于思考，善于多维观察问题，善于创意，并对中国经济发展趋势和经济全球化的趋势保持一贯的敏感性，在市场经济激烈竞争和瞬息万变的环境中，要思路清晰，学会审时度势，善于捕捉和创造商机，积极主动开拓市场。

3. 培养学生的合作精神和团队意识

在大学生创业的过程中，合作精神和团队意识在一定程度起着决定性的作用。创业者通常不可能拥有创业所需要的全部专业知识。如，法律、管理、财务、销售、产品设计等知识。因此，有了适当的项目后，还须有一个由各方面专业人才组成的默契合作齐心努力的团队，创业者之间相互合作、沟通，才能确保成功。因此，在高校开展创业教育的过程中，培养学生良好的合作精神和团队意识就显得尤为重要，它有利于健全和提高创业者的综合素质。

4. 培养学生的创新与超越意识

具有创业思想的人，在思维特点上应表现出不为陈规陋习束缚，能随机应变，充分发挥创造性，能较快适应外部条件的变化，摆脱思维惯性，改变工作趋势，特别是能从习以为常的现象中发现那些不属于已有知识和观念范围的东西。创业教育的开展，就是要引导学生敢于打破常规，超越现实或传统的思想束缚，培养学生创新与超越意识，变学生被动接受就业指导为教会学生主动创业。既要鼓励学生敢于去偏远地区、冷门行业去就业，也要支持学生敢于自主创业，学会自我发展，培养学生具有创业的胆量、勇气和开拓精神。

以上四个方面是一个相互联系的有机整体，教育教学过程中必须相互渗透、相互结合、全面实施、交错进行，切实保证创业教育目标的全面性和完整性。

二、创业教育的内容体系

创业教育内容是指通过创业教育为受教育者提供的某些方面的教育或培训。其实质是培养创业的基本素质，主要包括创业意识、创业精神、创业能力、创业心理品质及创业知识技能五个方面的创业基本素质的培养。

（一）大学生创业意识的培养

意识是人脑对客观世界的反映，是物质发展到一定阶段的产物。意识的培养并非一朝一夕，是“润物细无声”的长期性工作。

创业意识是创业主体自觉进行创业实践活动的心理倾向，包括需要、动机、兴趣、理想、信念和世界观等。创业意识支配着创业者对创业活动的态度和行为，规定其态度和行为的方向和力度，是创业素质结构中的基础部分，是创业活动的动力系统。对于学生来说，与创业有关的知识、技能必不可少，但更重要的是潜在的创业意识和强烈的创业欲望以及自信心与进取精神的培养，没有这个前提，高校创业教育的开展将成为纸上谈兵。

1. 创业意识培养的内容

（1）树立创业思想。一方面，要通过有效的宣传教育，使大学生充分了解就业形势，从外部生存压力方面使大学生理解自主创业的重要性。就业问题在我国是一个长期的问题，根据《领导干部决策大参考——中国人口与劳动问题报告》的研究，未来中国人口劳动力的变化情况为：1999 年劳动力人口总数是 7.545 1 亿，高峰在 2025 年，是 10.133 9 亿；从 2025 年开始，劳动力总人口的数量开始逐渐减少，一直到 2090 年，基本保持在 9 个亿左右。中国人口高峰是在 2045—2050 年，那时总人口约为 16 亿，此后持平一段时间，到 22 世纪之后，我国的人口总量和劳动力总量才开始缓慢下降①。由此可见，我国的就业问题短期内只能缓解，不能根本解决。在充分了解就业形势的前提下，大学生才能丢掉不切实际的空想，做好自我创业的思想准备。另一方面，要注重培养大学生的创业动机，充分调动大学生创业的内在需要。首先，要培养和强化大学生的创业需要，使成就动机转化为创业动机，使外在的客观需要转化为大学生的内在需要；其次，要培养和强化大学生的创业兴趣，使大学生把创业作为实现人生价值、人生抱负的途径；再次，要培养和坚定大学生的创业信心和创业信念，使之有百折不挠、艰苦创业的创业理想。

（2）强化创业品质。创业品质包括独创性、自觉性、果断性、适应性、合作性五种因素。教育目标是培养学生良好的六种心理品质，即能独立地思考、判断、选择、行动的心理品质；敢于行动，敢冒风险，敢于拼搏，并勇于承担行为后果的心理品质；坚持不懈、不屈不挠、顽强努力的心理品质；善于进行自我调节、适应性强的

---

① 李莉丽，龙希利．我国大学生创业教育运行机制研究［M］．山东大学出版社，2009：47.

心理品质；善于交往、合作共事的心理品质。引导大学生树立创业思想只是奠定了大学生未来创业的认识基础，要实现创业还必须帮助大学生培养和强化创业品质。因为，创业需要有一系列心理条件，即创业的心理品质或心理素质。不言而喻，创业很少能一帆风顺，往往必须面对许许多多的实际困难和挫折，如果没有良好的心理品质是不可能实现创业理想的。独创性是创业者的首要品质，指善于独立思考，善于在平凡事物中独立发现新问题并创造性地独立解决新问题。自觉性是对创业的目的和意义有充分的认识，既不盲从也不独断专行，能随时控制自己的行为，使之符合正确的目的。果断性是指创业者能根据不断变化的实际情况适时采取决断的心理品质。果断性以自觉性为前提，创业者在遇到特殊情况时必须善于分析问题，判明真伪，当机立断，敢作敢为；否则，犹豫不决、顾虑重重只能失败。在创业过程中，要做到百折不挠，坚持到底，不达目的绝不罢休。适应性指创业者能适应社会生活，善于在现实环境中求生存、求发展。合作性指创业者必须善于和人共事，形成合力。针对我国大学生的特点，应该特别重视独创性、坚韧性、适应性和合作性等心理品质的培养和塑造。

（3）提高创业智能。要使创业思想成功地转化为创业实践，必须有相应的创业知识和创业能力组成的创业智能。创业智能具体包括专业知识和能力、经营管理知识和能力及综合性知识和能力。其中，专业知识和能力主要靠专业学习来完成。因此，创业教育工作要引导学生主动学习和提高各方面的知识和能力，包括经营管理及综合性的知识和能力，为创业做好知识与能力准备。在学习创业知识的过程中，重点要引导学生建立合理、有序的知识结构，而不是机械地吸收大量的、系统的、全面的知识，因为创业者需要的是精当的知识，而不是大而全的理论体系。同时，还应该引导学生掌握有效的学习方法，树立主动学习和终身学习的观念，使之善于扩大知识视野。在培养创业能力的过程中，重点是培养学生善于发现实际问题并善于灵活运用各类知识独立解决实际问题的能力。

（4）培育风险意识。风险经营意识是中国企业在国际接轨中应着重增强的一种现代经营意识，也是创业企业和创业者急需培养和增强的一种重要的创业意识。创业是充满风险的。创业者对可能出现和遇到的风险准备和认识不足，是我国当前群体创业活动中的一个普遍现象。这种挑战风险意识的缺位，突出表现在以下四个方面：在心理准备上，表现为对创业可能出现和可能遇到的困难准备不足；在决策上，表现为不敢决策，盲目决策，随意决策；在管理上，表现为不抓管理，无序管理，不敢管理；在经营上，表现为盲目进入市场，随意接触客户，轻率签订商务合同。这种没有风险经营意识的做法，恰恰是创业者无正确风险经营意识的典型表现。正确的做法是既要从害怕风险、不敢迈步之中解放出来，敢于去市场经济的大潮中劈风斩浪，又要敢于在经受商海的历练和锻打中，善于规避风险，化解风险，使自己在迎战风险的过程中站立起来，成熟起来，成为商海的精英和栋梁。

2. 创业意识培养的方法和要求

学生创业意识的培养是一个逐渐升华的认知过程，要遵循“知、情、意、行”循序渐进的认知规律。要将创业意识的培育列入教学计划，通过开设必要的课程，建立一套完整的教学体系，努力将创业意识与创业技能的培育融入专业教学过程中去。要善于捕捉那些对培育创业意识有关或有利的教学内容，要运用有利于培育创业意识的教学方法与教学手段，培养创业意识，开展教学活动。要完善校园文化环境建设，通过各种途径熏陶创业意识。

（二）大学生创业精神的培养

要创业，必须具有创业的精神和创业的本领。创业精神指创业所需的积极探索，勇于创新，知难而进，艰苦奋斗的精神。江泽民同志在1993年八届全国人大一次会议闭幕式上的讲话上指出：“我们的社会主义现代化建设还处在艰巨的创业时期。伟大的创业实践，需要有伟大的创业精神来支持和鼓舞。解放思想、实事求是，积极探索、勇于创新，艰苦奋斗、知难而进，学习外国、自强不息，谦虚谨慎、不骄不躁，同心同德、顾全大局，勤俭节约、清正廉洁，励精图治、无私奉献，这些都应是大加倡导和发扬的创业精神。”

1. 创业精神培养的内容

（1）创业理想。树立远大的创业理想是大学生创业的前提，有了创业理想才会有创业目标和信心。对目标如痴如醉，才能全身心融进创业行动之中。

（2）艰苦奋斗精神。艰苦奋斗精神是中华民族所倡导的民族精神，要求励精图治，自强不息，用辛勤的劳动开创事业，创造财富，为社会作出贡献。正像爱迪生所说："创办一家成功的企业所需要的远不只是好的主意、有市场、有资金。"

（3）坚韧不拔的意志。一个具有创业精神的人必须是在困难面前不退缩、在压力面前不屈服、在失败面前不气馁、在荣誉面前不骄傲的顽强拼搏的人。创业者要有视挫败为成功基石的勇气。成功需要经验积累，创业的过程就是在不断的失败中跌打滚爬。只有在失败中不断积累经验财富，不断前行，才有可能到达成功彼岸。美国3M公司有一句关于创业的至理名言：为了发现王子，你必须与无数只青蛙接吻。对于创业家来说，必须有勇气直面困境，敢于与困难"接吻"。

（4）敢于冒险的精神。创业是敢于走前人和别人没有走过的路，是对习惯的挑战。要培养学生敢于质疑、敢于否定的批评精神和敢于尝试的冒险精神。敢冒风险是理智基础上的大胆决断，是自信前提下的果敢超越，是新目标面前的不断追求。

2. 创业精神培养的方法和要求

（1）加强创业理念的引导。对于事业成功、生活美满来说，真正重要的不是学历，不是财富，不是门第，也不是天分，而是一个人的心态或毅力。任何人，只要他有健康的心态，能够坚韧不拔，就能够实现自己的梦想。因此，创业教育中强调人的心态和毅力的培养，如设定正确的目标，展现自信心，培养进取心和冒险精神，强化自律，发扬团队精神，学会从逆境和挫败中学习经验，培养创造力，等等。

（2）确立以人为本的指导思想。在教育领域，长期以来把学生当工具来培养，使得学生的价值观扭曲，社会责任感降低，缺乏创造性和创业精神。因此，以人为本的人本主义教育思想在教育领域日趋受到重视。人本主义心理学家罗杰斯强调对人的主体性的重视，他指出，教育应把学生培养成富有“灵活性、适应性和创造性的个人”，认为应该“注重发展个人的主动性、创造性和责任感”，希望“学生学习成为自由的、负责的人”①。这些思想对我们进行创业精神教育具有十分重要的借鉴和指导价值。

(3) 以培养学生的主体性为动力。培养大学生的创业精神，需要一种充分发挥学生主体自觉意识和能动作用的学习方式，学生主体性的发挥不是随意进行的，教师应以指导者的身份为学生提供教育、咨询服务，并结合专业特点提出建议和必要的帮助，通过有效的指导达到培养目标。

(4) 以实践活动为主要培养手段和途径。以实践活动为重要手段和途径的原则培养大学生的创业精神，应正确认识创业精神与实践活动的关系。不参与实践活动，创业精神就无法形成；离开了创业实践活动，创业精神培养的目标也将成为一句空话。因此，必须坚持将实践活动作为重要手段，通过各种形式的活动去激发和强化创业心理品质，使其在活动中最大限度地发挥作用，并最终根植于学生的个性之中。

开展大学生创业教育，培养大学生创业精神，在创业教育中帮助他们树立远大的创业理想，使大学生逐步了解创业的过程与风险，减少对创业的恐惧。可以肯定地说，任何敢于创业的人，都能通过学习和实践成为具有创业精神的人和成功的创业者。

(三) 大学生创业品质的培养

创业品质即创业心理品质，它是对创业者的创业实践过程中的心理和行为起调节作用的个性心理特征，它与人固有的气质、性格有密切的关系，主要体现在人的独立性、敢为性、坚韧性、克制性、适应性、合作性等方面，它反映了创业者的意志和情感。

---

① 钟达．论技校学生创业精神的培养［J］．职业教育研究，2006（3）．

1. 创业品质培养的内容

（1）创业心理品质的培养。所谓心理品质，是指人在心理方面较稳定的特点，即人的感知、记忆、想象、思维、言语、注意、情感、意志、能力、气质、性格、理想、信念等多种心理品质和修养，心理品质主要由认知、情感、意志、个性几个相互联系的要素有机构成。创业是艰难的，也是成败并存的，是对人全面素质的检验，尤其是对人心理品质的考验。从创业的准备、初始阶段，到创业的坚持，直到创业最后成功，都必须有良好的心理品质。

①要培养坚定的创业信念。对创业要充满自信。有人说，自信是成功的一半。对创业者来说，信心就是创业的动力，只有自信的人才有创业的欲望和冲动。自信不是自傲、自大，不是刚愎自用。自信，是建立在客观、准确认识自我基础上对自身能力的相信。创业是有风险的，想创业的人必须对自身能力有充分了解和估计，并能针对自身能力确定切实可行的创业目标，既不盲目冒风险，又不害怕风险，要对自己有信心，对未来有信心，始终相信自己的能力。有自信，才会创业；有自信，才能创业；有自信，创业才能成功。妄自菲薄与妄自尊大都不可能成为创业成功者。

②要培养顽强的创业心理意志。创业心理意志指个体能百折不挠地把创业行动坚持到底以达到目的的心理品质。创业意志品质包括：一是创业目的明确；二是坚决果断；三是具有恒心和毅力。创业者需要具备百折不挠、坚持不懈的毅力；必须具有坚定意志，乐于冒险，富于挑战，迎难而上，不轻言失败和放弃，相信命运掌握在自己手中，善于变逆境为动力，具有顽强的斗志和拼搏精神，能够根据市场的需要和变化，确定正确而且令人奋进的目标，并能战胜逆境实现目标。

③要培养良好的心理调适能力。心理调适是个性心理特征及个性倾向性中的各因素综合发生作用即调节、平衡心理的过程，是健康心理乃至健康人格的一种观照。心理健康的人在创业过程中懂得运用心理调适，迅速消除各种因素造成的心理不适，恢复心态的平和，维持较稳定的良好心理状态，经常保持愉悦的心理，保持心理

的健康。而心理调适能力是心理健康的保证，是缓冲各种心理压力对心灵的伤害、保持心理健康的保护器。

（2）创业文化品质的培养。创业文化品质是创业人才应具备的基本要素和基础要素，它要求学生不但要有必要的专业知识，还需要掌握现代科学、文学、艺术、哲学、经济学、法学和管理科学等方面的知识，以及不盲目崇拜，不唯书唯上，敢于质疑，敢于挑战传统的科学精神。

①要培养专业文化素质。学校要以专业课程为中心，构建多方位的创业文化素质教育体系，重视创业文化素质教育在人文科学课程体系中的建设。通过开设《领导科学》、《创造学》、《创新思维》、《财政金融》、《可持续发展》等创业教育系列课程，积极探索创业文化素质教育的教学特点，教学中渗透创业精神教育。针对学生在创业中的思想困惑、法律盲点、创业方向等问题进行相应的指导，在《思想道德修养与法律基础》、《马克思主义哲学原理》、《形势政策》等课程中补充相应的教学内容。

②要培养社会文化素质。在校大学生要想具备良好的创业素质，除了专业课的学习之外，还必须及时了解国内外经济发展形势、新技术革命内容、企业管理知识、市场营销知识以及一些企业家成功的经验等相关知识，这些都是创业成功的知识保证。这就要求学校通过课程的补充和调整来充实学生的创业知识，提高学生的科学素质和人文素养，为人文教育和科学教育的融合开辟新的途径。

创业文化品质在高校育人环节重要性的加强，必然会推动文化素质教育工作的深入开展，促进文化素质教育与思想道德素质教育、专业素质教育及身心素质教育的有机结合、互相渗透，继而协调成为一体。高校应按照教育部提出的“三提高”的要求，提高大学生文化素质，提高教师文化素养，提高校园文化的品位和格调，推进教育改革不断深入发展，推动创业型人才不断进步。

③创业道德品质的培养。俗话说：“小富靠智，大富靠德。”高校是培养合格人才的摇篮，不仅传授科学文化知识，同时还应注重学生思想道德品质和职业道德品质的培养。

2006 年 3 月 4 日，中共中央总书记胡锦涛同志在政协民盟民进联组会上“关于树立社会主义荣辱观的讲话中”提出：“以热爱祖国为荣、以危害祖国为耻，以服务人民为荣、以背离人民为耻，以崇尚科学为荣、以愚昧无知为耻，以辛勤劳动为荣、以好逸恶劳为耻，以团结互助为荣、以损人利己为耻，以诚实守信为荣、以见利忘义为耻，以遵纪守法为荣、以违法乱纪为耻，以艰苦奋斗为荣、以骄奢淫逸为耻。”总书记关于树立社会主义荣辱观的重要论述，既反映了人类社会发展至今形成的先进价值观，又凸显了社会主义基本道德规范和社会风尚的本质要求；既凝结着中华民族历久弥新的传统美德，又突出了新的时代要求和时代精神；既明确了“荣”这个积极奋进的导向，又提出了“耻”这个防微杜渐的警示。“八荣八耻”，高屋建瓴，在真善美与假恶丑之间划出了泾渭分明的界限。在我们社会主义社会中，是非、善恶、美丑的界限绝对不能混淆，坚持什么、反对什么，倡导什么、抵制什么，都必须旗帜鲜明。在全面贯彻落实科学发展观、构建社会主义和谐社会、建设小康社会的进程中，“八荣八耻”社会主义荣辱观的适时提出，对更好地开展创业道德品质的培养工作具有重大的指导意义。

首先，要培养良好的思想道德品质。加强大学生思想道德建设是一项长期的、艰巨的系统工程。在实施创业教育的过程中不断地渗透爱国主义教育、集体主义教育、价值观教育、社会公德教育等，逐渐地形成良好的道德习惯、道德意志和道德评价能力。只有坚持以热爱祖国为荣、以危害祖国为耻，以服务人民为荣、以背离人民为耻，以崇尚科学为荣、以愚昧无知为耻，以辛勤劳动为荣、以好逸恶劳为耻，以团结互助为荣、以损人利己为耻的道德观，自觉培养良好道德意识和道德行为，才能提高道德认识水平和道德责任感，巩固良好的道德行为。

其次，要培养良好的职业道德品质。职业道德，是从事一定职业的人们在职业活动中所应遵循的道德规范以及该职业所要求的道德准则、道德情操与道德品质的综合。教师在传授文化知识或专业技能的同时，根据各专业的特点，针对大学生毕业后就业的需要，培养其相关的职业道德理想、职业道德观念、职业道德责任、职业道德纪律和职业道德修养等，把课堂作为培养大学生职业道德的主渠道之一，使职业道德“润物细无声”地渗透到学生的思想意识中去。同时，要把职业道德教育渗透到日常的法制教育中去。切实贯彻“以诚实守信为荣、以见利忘义为耻，以遵纪守法为荣、以违法乱纪为耻，以艰苦奋斗为荣、以骄奢淫逸为耻”的荣辱观。创业者在创业的过程中必须遵纪守法，以诚信为本，艰苦奋斗，特别是要通过反面教材，使他们懂得职业道德不仅联系着个人的职业行业利益，更联系着社会的风气和稳定，联系着政治与经济的发展。“前车之覆，后车之鉴”，让他们自觉加强职业的道德修养，自觉抵制社会上的不正之风，养成遵纪守法、廉洁奉公的良好习惯。

2. 创业品质培养的方法和要求

(1) 建立一体化的创业品质培养体系。

①加强创业品质培养课程体系建设。创业品质培养的关键是将创业品质教育的理念转化为实践，其落脚点是课程，课程建设是加强高校创业品质教育的核心问题。要把创业品质教育课程纳入高校整体教育体系中，成为高校课程建设的有机组成部分，要根据创业品质教育的目标体系，编写出高质量的创业品质教育教材和教学参考书，使创业品质教育可操作化。

②开展全方位的咨询活动。通过各种咨询活动，可以帮助大学生解决一些在创业过程中经常遇到的心理问题、专业问题、政策问题和法律问题等，帮助学生解除心理困惑和行为障碍，协助学生改进不合理的认知模式，确立辩证科学的思维方式，从而帮助学生创业成功。

③进行自我修养指导。古人强调要“一日三省吾身”，挖掘和开发自己的潜能，培养自己的创业品质，就要对照标准，经常看看自己的各方面创业品质是否符合要求，就是要以史为镜、以人为镜，时时审视自己，这样持之以恒地坚持下去，终会形成良好的创业品质。

(2) 注重创业品质教育的方法培养。

①注重心理暗示法。暗示对人的影响是潜在的，但也是巨大的。我们可以采取一些办法对学生进行正面的暗示，如我们可以经常表扬学生，鼓励学生，多说“你行、你能行”，同时还可采取一些诸如演讲的方式，让学生自己经常说“我行，我能行”。通过这些暗示，增强学生的自信心，增强学生创业的胆量和勇气。

②注重榜样激励法。“榜样的力量是无穷的”。榜样是具体的、现实的，也是鲜活的，不是抽象的、虚无的，因而对人们来说，是可信的，能对人的心灵产生震撼。所以我们要充分利用现实生活中的商界成功人士及其他典型人物来唤起学生的共鸣，来激发他们成功的欲望和创业的冲动。以此来激励斗志，培养他们良好的心理素质。

③注重受挫磨砺法。创业是一件异常艰苦的工作，是一条充满艰辛、坎坷的崎岖之路。要教育学生认识到创业并非一帆风顺，在创业过程中会遇到这样那样的困难和挫折，要有一定的心理准备，并要正确对待，防止半途而废。帮助学生逐步树立自立自强、百折不挠的信心，将人生道路上的种种困难、挫折视为人生的洗礼。

大学生要始终铭记我们的先哲孟子的一段话：“天将降大任于斯人也，必先苦其心志，劳其筋骨，饿其体肤，空乏其身。”总之，要让学生明白，创业成功需要学生具备不怕挫折，坚韧不拔的意志和胜不骄、败不馁的品质。

（3）加强创业教育实践锻炼。良好创业品质的形成重在实践训练，积极的实践能带来及时的反馈和成就感，也能带来节节成功的喜悦。切切实实地投入创业实践中去，一定能磨炼出完善的创业品质。因此，学校首先要构建创业实践基地为学生创业实践提供便利，如创业见习基地、创业实习基地和创业园等，实现产、学、研一体化。其次，社会要为大学生提供更多的创业岗位供学生选择，使其经受创业实践的考验和社会大熔炉的历练。再次，大学生自己课余主动参与创业实践，从推销小商品到餐饮行业服务，从为人打工到自己开店，熟悉各种职业特点和自己的能力特长，积累创业经验，增长创业才干，减少未来创业的盲目性。通过创业实践的锻炼，学生接受来自各方面的挑战，经受住各种困难的考验，不断地坚定自己的创业信念，磨砺自己的创业意志，增强自己的创业心理调适能力，提高自己的文化品质和道德品质，为以后的创业成功奠定坚实的基础。

（四）大学生创业能力的培养

创业能力是创业成功的另一重要因素。创业能力，就是具有创业的基本本领，是创业精神的直接结果和具体体现，包括具有较扎实的基础知识、基本技能，较宽的知识面、较强的实践能力和一定的实践经验等。创业能力是指影响创业实践活动效率，能够促使创业实践活动顺利进行的主体心理条件；是以智力活动为核心的，具有较强综合性和创造性的心理机能；是与个性心理倾向、特征紧密结合在一起的，在个性的制约和影响下形成并发挥作用的心理过程；是知识、经验、技能经过类化、概括化后形成的，并在创业实践活动中表现为复杂而协调的创新行为。

1. 创业能力培养的内容

面对激烈的市场经济竞争环境，作为大学生仅有创业意识和创业精神还远远不够，还要做好许多能力和知识的准备。创业能力是创业者进行创业的基本素质，是一种核心能力，是创业成功的首要条件，也是实现人生理想的一种手段。开展创业教育，培养大学生具备以下创业能力：

(1) 创新思维和创造力。安分守己、循规蹈矩的确是一个好孩子的形象。你对一个偷偷拆毁玩具汽车、擅自拆开小闹钟，甚至悄悄自己孵化鸡蛋的孩子，是怎么看呢？你对一个整天满脑子古怪精灵经常会提出一些令你不知如何回答的孩子，是怎么看呢？如果他问你“天为什么是蓝的？星星为什么会眨眼？母鸡下的鸡蛋为什么又圆又硬？……”你将如何对待他？

我们国家自古以来实行的基本上是刻板的临摹教育，视离经叛道者为大逆！直到现在持“上了书的都是对的”、“老师说的都是对的”等观点的还大有人在。近几年来，已开始大力提倡素质教育、创新教育，向临摹教育、应试教育、禁锢人思维的教育模式展开了冲击。世上万物静止是相对的，而运动是绝对的。没有创新就没有进步，没有创业就没有发展。

要培养大学生勤于钻研，不懈地追求和创新的欲望，顽强的意志是发挥创造力最宝贵的品格，虚心好学，不拘泥于传统的观念，敢于标新立异，并能将学到的知识转化为实践的力量的能力。

（2）组织管理能力。诸葛亮是尽人皆知的后汉三国时代杰出的军事家、政治家、思想家，尤其是他卓越的组织管理才能，使他的敌人也敬佩不已。关、张、赵、马、黄五虎上将对他由刚开始的不服到后来的折服，都得益于诸葛亮的知人善任和天才的组织管理能力。直到今天，他的组织管理方法仍被日本企业界广泛地应用。孙权这个东吴霸主的特点是善于听取不同的意见，知人善任、用人不疑、敢于放权。他对周瑜、鲁肃、吕蒙的使用，简直到了言听计从的地步。他统领的东吴之所以能与魏、蜀形成鼎立之势，也绝非偶然。

领导者最重要的素质是能充分发挥每一个人的特长。在关键时刻吸收各种专业人才为公司的目标服务。

（3）人际交往能力。在激烈竞争又紧密依存的社会里，人际交往能力是一种生存和发展的基本能力，也是创业成功的必备能力。有这样一个故事：一个瞎子和一个跛子，被火围在一座楼房里，危在旦夕，眼看只有坐以待毙。但身体健全的瞎子和眼睛完好的跛子，却聪明地组合成一个完整的“身体”，瞎子背起跛子，跛子指路，终于从大火中死里逃生。从某种意义上说，我们每个人都是“瞎子”或“跛子”，都需要他人来弥补自身的缺陷。在现代社会，这种“互补”的要求就更加迫切，也更为重要。

如何增强大学生在人际交往中的吸引力呢？一是敞开胸怀学会容纳；二是学会发现他人的哪怕是一丝一毫的优点和长处，并虚心地承认它；三是学会重视别人。

总之，交往是人类共同的心理追求，同时也是人类最基本的社会活动。良好的人际关系能够提高社会价值感，增进社会适应能力，形成乐观的人生价值观，使个性健康发展得到保证。相反，不良的人际关系和交往障碍，会影响人的心理健康。

建立良好人际关系的具体方法很多，下面介绍几种对大学生较有效的交往技巧。

①主动交往。大学生必须明白一个道理，人与人之间的交往是遵循交互原则的。周围的人那么多，别人凭什么对我们感兴趣？人们不愿主动交往的原因何在？心理学家经过长期的研究发现，第一个原因是人们在自己与他人的交往中缺乏自信，害怕别人不会像自己期望的那样对待自己，从而伤害自尊。例如，担心自己太丑、不会说话、家境贫寒、成绩不好，等等，别人不会喜欢自己。实际上，由于每个人都有交往的需要，我们主动交往得不到理睬的情况是极少的。你不妨去尝试一下，试着主动和陌生人打个招呼或讲几句话，你将发现几乎每次都是成功的。不能主动交往的第二个原因是人们在人际关系方面有许多误解。如，“先同别人打招呼，表示我低他一等”，“我太主动了，别人肯定会觉得我多事”，“别人对我不会像我对他那样有兴趣”，等等。所有这些误解，会使我们失去很多结交朋友的机会。

在改善自己的人际关系处境上，我们也应采取在解决其他方面问题时的同样方式，即少担心、多尝试。尝试是成功的先导。最好用实践去证明一下你的担心。当想去结识某个人时，你就主动地去和对方打个招呼，然后讲一下自己的想法。当然，在主动结识某个人之前，也要来个“角色预演”，即弄清楚对方的身份及性格爱好等，想想自己该怎么说对方才不会拒绝，到时你一定会有一个满意的结局。随着成功经验的增多，你的自信也会越来越足，你的人际关系也会越来越好。

②给人一个良好的第一印象。著名的社会心理学家阿希曾以大学生为研究对象做过一个实验。他让两组大学生评定对一个人的总印象。对第一组大学生，他告诉说这个人的特点是“聪慧、勤奋、冲动、爱批评人、固执、嫉妒”。很显然，这六个特征的排列顺序是从肯定到否定。对第二组大学生，阿希所说的仍是这六个特征，但排列的顺序正好相反，是从否定到肯定。研究结果发现，大学生对

评价者所形成的印象严重受到特征呈现顺序的影响。先接受了肯定信息的大学生，对被评价者的印象远远优于先接受否定信息的第二组大学生。这就说明，最初印象有着高度的稳定性，后续的信息甚至不能使其发生根本性的变化。著名心理学家卡内基在其早期名著《怎样赢得朋友，怎样影响别人》一书中，也根据自己的大量成功经验，总结出了给人留下良好第一印象的六条途径。这六条途径分别是：第一，真诚地对别人感兴趣；第二，微笑；第三，多提别人的名字；第四，做一个耐心的听者，鼓励别人谈自己；第五，谈别人感兴趣的话题；第六，以真诚的方式让别人感到他很重要。卡内基曾以他的经验帮助了许多人成功地改善了人际关系，并使他们获得了事业的成功。

③以诚待人，不要过多地掩饰自己。在人际交往中，虚伪是非常令人讨厌的。世界上的每个人都不可能十全十美，在别人面前暴露自己的缺点并不可怕，反而会让人发现你个性中的坦诚。相反，尽力隐藏自己的缺点，反而让人觉得你不真实，令人捉摸不定而不敢信任你。因此，不要惧怕显露真实情绪，不论喜怒憎恶，都不应加以隐藏。一个经常压抑或隐藏情绪的人反而会被人们视为冷漠无情，此种人没有知心朋友也不足为怪，谁愿意和一座冰山在一起？

④多为别人着想。同情是沟通人们内心世界的情感纽带，是建立人际关系的基础。如果一个人不能很好地理解别人，体验别人内心的真实情感，他就无法使自己的交往行为具有合理性、对应性，这样是很难和别人建立较亲密的关系的。人对别人的理解高度依赖于自己的直接经验，因此，对于别人的理解，情感的沟通和统一都依赖于自己是否具有同样的经验。只有当别人的情感也是自己体验过的或正在体验的，我们才能够理解。从这个意义上讲，自我经验的丰富是理解和同情的前提。

⑤要诚心诚意地帮助别人。在心理学中，帮助是广义的，既包括情感上的支持、痛苦的分担、观点的赞同、建设性的意见，也包括困难解决上的协助和物质的支持。人际关系中存在功利原则，即任何一个人，只有当一种人际关系对他们来说是值得的，他才愿意

并试图去建立和维持。因此，以帮助和相互帮助开端的人际关系，不仅良好的第一印象确立起来比较容易，而且心理距离可以迅速缩短，使亲密的关系很快建立起来。帮助他人不一定非要对方遇到重大困难时，它可以体现在日常生活的一些小事上，如，热情地给陌生人指路，在公共汽车上给人让座，他人拎不动东西你过去帮个手。慢慢的，通过帮助他人，你可以获得许多朋友和快乐。

⑥要心怀大度地接纳他人。虽然交友要有选择，但在没有了解对方之前，不要首先就全部否定，这会使你失去很多真正的朋友。实际上，根据人际交往的交互原则，你不信任别人，别人也就不会信任你；相反，你以坦诚友好的方式待人，对方也往往会以同样的方式待你。毕竟，在这个世界上，坏人是极少的，我们要善于发现和欣赏他人个性上的优点。

（4）挫折承受能力。英国有句谚语："如果你想摘玫瑰，你就要不怕刺。"成功和失败也像玫瑰花和刺那样密不可分。在你努力地要回避失败的同时，也可能"回避"了成功的机会。机遇常与失败相伴，谁想勇敢地把握机遇，谁就必须有受挫折的勇气。很多人在自己的工作岗位上，尽心竭力，勤勤恳恳，然而，一辈子无声无息、寂寥而终，原因在于缺乏冒险精神，缺乏闯劲，缺乏挫折承受的能力。他们一方面用保守而坚硬的外壳来保持自己本质的脆弱，另一方面又嫉妒那些功成名就的创业者，或对正碰壁的冒险者冷嘲热讽。这种矛盾的心理使他们感到无所适从，这就决定了他们的盲目与自卑感。

失败是赢得成功的必要的投资。失败塑造了强者健康有力的品格，丰富了斗争经验，锻炼了非凡的才干，而这些都是获取成功必不可少的因素。所以，我们常说："失败是成功之母。"一个没有经历过多次失败的人，缺乏最起码的"投资"，是无法赢得成功的。总之，失败的强者不会沉溺于幼稚可笑的情感中，他们虽然不可避免地体会到了痛苦、失望，但他们更多的是理性的思考。真正的创业者，拥有一种常人所缺乏的承受力，而且能够从每次失败中吸取新的养分。

（5）观察判断能力。1885 年，美国亚特兰大市一个叫潘伯顿的业余药剂师，他炼制了一种能健脑的药汁，将药汁定名为“可口可乐”。潘伯顿想经营好自己的小店，还请了一个小店员做帮手。一天，一个中年男人跑来，一边叫头痛，一边催店员拿可口可乐这种药。小店员忙去取药，但药已经卖完了，潘伯顿又不在，为了应付这个顾客，便随手拿了一瓶类似治头痛的药汁，并加进苏打水和糖浆混在一起，倒了一杯给顾客。这位顾客喝完，连声叫“妙、妙、妙！”给了半美元就走了。奇迹出现了，等潘伯顿回到店里，发现有好几位顾客围着小店员，吵着、嚷着要买刚才那个男子吃过的红色“可口可乐”药水。潘伯顿是业余药剂师，细心一想便立刻明白了。立即让小店员按刚才的配制方法，用红色药水给了那些顾客。潘伯顿以独特的眼光，敏锐的观察力发明了可口可乐药水，后来经过研究和改进，成了可口可乐饮料。

潘伯顿在经营中注意观察，使他抓住了商机，也使他的事业走向成功。那么，如何培养观察力呢?

在创业教育中，要培养大学生明确观察的目的性，把握观察的对象、要求、方法和步骤，使观察具有条理性，能统观全局，有条不紊地进行观察。同时，要力求理解所观察的内容，在观察活动中，能敏锐地发现为一般人所不容易发现或容易忽略的东西。既要注意搜索那些预期的事物，还要注意观察那些意外的情况。要把观察力的各种优秀品质有机地结合起来，使自己能按照预定的目标，去获得系统的、深刻的、真实可靠的感性知识。因此，要保持积极的观察态度，要有明确的观察目的，要培养浓厚的观察兴趣，要拟订周密的观察计划并善于运用书中的知识去观察。

（6）坚强的意志力。任何创业者都不可能是一帆风顺的，在其创业的道路上，既有成功也有失败。正如举世无双的发明家托马斯·阿尔瓦·爱迪生所说：“我的成功乃是从一路失败中取得的。”爱迪生的话是十分深刻的，是他毕生从事发明创造经验的总结，这与中国成语“失败乃成功之母”如出一辙。成功要靠坚韧不拔的精神去克服困难，当面对失败时，又要靠顽强的毅力承受失败的打击。

因此，坚韧性是创业者必不可少的品格，它是强者与弱者区分的重要标志。

坚强的意志是依靠内心强烈、执著的信念作为巨大的推动力来维持的。而信念是人在对未来的希冀和向往中产生的。人的愿望、理想越是崇高和美好，产生的推动力量就越是迫切而强烈，意志行动也越发坚定而持久。所以说美好的愿望、远大的理想是培养良好意志品质的基础。而有理想、有抱负的人，就会牢记“天将降大任于斯人也，必先苦其心志，劳其筋骨”的古训，艰苦地磨砺自己。

（7）决策能力。决策贯穿于创业的全过程，比如，创业前，办什么公司，在哪里选址，找谁做合伙人等，都需要创业者作出决定；创业中，如何经营，如何打开销售渠道，如何当家理财等也都需要老板拿主意，拿主意的过程就是决策的过程，所以创业离不开决策。决策贯穿于创业的全过程，所以，决策能力是创业者必备的能力。

决策正确必须建立在分析的基础上，作出大胆的判断，还要具有长远的眼光；不能急功近利。社会上任何一种潮流和趋势，都不是一朝一夕才发生的，人们如果能确切地预测未来，就能有办法去按照未来市场的需求，做好思想和物质的准备。因此，要作出正确的企业决策并不容易，尤其是初次创业的时候，作决定的时候不可操之过急，必须先收集相关资料并客观地加以判断，除了要了解自己的需求外，更要知道胜算如何，决定之后，再进行决策。

2. 创业能力培养的方法和要求

（1）确立创业能力的培养目标。创业能力培养的目标，是以提高学生自我就业能力为目标，尤其注重培养学生“白手起家”创办小企业的精神和能力，务求使更多的谋职者变成职业岗位的创造者。为此，一是在校园内，通过各种各样的形式，营造出以创业为荣的风气，向学生灌输勇于创业、敢于冒险的价值观念，帮助学生树立正确的创业观：二是建立仿真的、模拟和运作程序符合企业行为要求的教学工厂，为学生提供体验创业经过、培养和检验创业能力的场所；三要对于有创业能力和意向的学生要进行个别辅导、集中培训。

（2）根据创业培养要求，深化课程体系改革，创建符合创业能力要求的培养体系。课程体系设置、教材选用和教学方法是高等院校培养创业人才的关键，但当前高等院校在这些方面与创业人才的要求存在较大差距。为此，要改变一套教材使用多年的局面，逐步实现教材多样化、弹性化、特色化、个性化；要促进课程的综合化，避免出现分科过细、彼此孤立、隔离的课程状态，强调课程教材设计的整体性；要把与创业密切相关的课程增加到培养体系中来，加强课程融合，形成学科课程、活动课程、隐性课程相结合，必修课、选修课相统一的创业课程体系。

（3）转变教学观念，深化教学方法和教学手段改革。实施素质教育就是要变传统灌输式教学为创造性教学。这里的创造性是指教学生“学会学习”的教学，或以培养学生创造性为核心目标的教学。课堂实施创造性教学与学生创新能力的培养息息相关。在教学模式上，创业教育要求教学内容的选择不能固定不变，要有开放性和灵活性，让师生共同参与探索知识的过程。在教学过程中要注意培养学生思维的灵活性、敏锐性和独创性。

（4）加强课外活动和实践教学环节的组织。创业品质和创业能力的培养重在实践，实践教学环节既是学生巩固理论、扩展知识面、开发智力的过程，又是学生在实践中磨炼意志，培养能力的过程。为此，一要从创业能力培养角度，科学设计实践教学环节，整合和优化实践教学环节内容；二要开设设计性、综合性及开放性实验，提高学生对实验课的兴趣，使学生掌握实践教学环节的主动权；三要改变传统实践教学组织与管理模式，创造更多机会让学生深入实际调查研究，参与处理实际问题：四要促进教师自身素质的提高。设计性、综合性实验的开设，不仅要求教师具有较全面的理论和实践知识，还要在时间上、精力上有更多的投入。

三、创业教育课程体系

创业教育课程是实现创业教育目标最主要的工具和手段，是围绕创业教育目标而选择和设置课程内容与方式的总称。创业教育体系的构建，不能只停留在创业教育目标的确定上，还要通过课程加以落实。课程是实现培养目标的重要载体。

创业课程设置是创业教育的核心环节，是创业教育观念转化为教育实践的桥梁，是创业教育目标得以实现的中介，创业教育课程设置的合理性和实施的有效性关系到创业型人才最终生成的程度。学校创业教育实践，实际上是根据创业教育的基本理念，通过教师与学生的双边活动来实现创业教育教学目标的过程。

（一）创业教育课程设置的原则

创业教育课程设置原则是指设置课程时应遵循的基本要求，它不是主观臆造的，而是在一定理论依据和实践基础上提出的。

1. 信息化原则

随着社会的变迁，知识和技术迅速推陈出新，信息爆炸日益加速，传统的课程设置模式已经落后。大学创业教育是在信息社会这个宏大环境里展开的，信息的掌握、流转、应用以及控制成为创业型人才一项大量的工作，提高信息获取与应用能力成为大学创业教育的一项重要使命。创业教育课程内涵要结合创业社会的需要，将知识转化为解决创业挑战及所需要的创业信息，学以致用，已成为创业教育课程设置与开发的主调。面对浩瀚的创业信息海洋，创业教育课程要注重培养大学生收集、分析、研判、整合和运用创业信息的能力；培养大学生运用知识解决现实社会创业中所面临的困难的能力。

2. 综合化原则

综合化是指创业教育课程开发要综合考虑，其主要表现在以下两方面：其一，在课程总体框架上，学科创业课程、综合活动课程、创业实践活动课程与创业知识、创业能力和创业素质等创业教育目标要素之间不是一一对应关系，而是交叉、重复的立体、综合对应关系。即是说，每一类课程方式均同时包含着传授创业知识、培养创业能力、形成创业素质的要求与内容。其二，在课程科目设置上，创业教育课程不是根据学科体系来一一对应进行设置的，而是综合多门学科知识综合组成的跨学科课程，也就是自然科学课程与人文科学课程的整合；正式课程与非正式课程的整合；显性课程与隐性课程的整合等①。

3. 活动化原则

创业教育课程发展的活动化是指课程的操作方式要注重活动的设计，尽可能使大学生在参与活动中形成各种特定的外部操作行为和动作，并与内部操作行为和动作有机结合起来，相互影响、互相作用、相互促进，从而使大学生的身心朝着创业教育的目标发展。创业教育课程的活动化主要体现在三方面：第一，将创业实践活动作为创业教育的重要课程模式引进创业教育中来，使大学教育中的“活动”概念具有社会实践性质。第二，活动课程具有独立功能和作用，有实践性和灵活性特点，已成为实现创业教育目标和任务的重要课程方式之一。第三，创业教育课程体系并不排斥学科课程，但相对于创业实践活动和活动课程而言，它必须由原有占统治地位的位置转变为整体课程体系中的有效课程类型。同时，在学科课程中尽可能体现活动因素和时间因素，以克服和避免学科课程过分的统一和封闭等弊端②。

4. 多样化原则

创业教育课程的综合化、活动化必然要求课程结构类型具有多样性。多样性主要体现在课程门类的设置上。与以学科课程为主体、以分科为主要形式、统一而单调的大学课程设置不同，创业教育的课程设置有较大的选择余地和空间。学科课程的设置既可以采用独立设置的必修、选修课程，可以采用学科渗透方式的课程，可以采用专题讲座、报告式的微型课程。根据课程的特点与社会的发展需要、大学生的发展实际，学科课程设置的最佳方式是采用三种课程设置的有机结合，即独立设置、渗透设置和微型设置的灵活有效结

---

① 施良方．课程理论——课程的基础、原理与问题［M］．北京：教育科学出版社，1996：265—272.

② 张武升．教育创新论［M］．上海：上海教育出版社，2001：270—271.

合。活动课程的设置，既可以采用与传统的活动方式进行多种多样的有机结合方式，也可以举行各种类型的创业教育专题活动，如研究性学习活动、创业计划竞赛活动、社会实践活动等等。创业实践活动则可以根据各大学教育教学目标要求与教学条件选择不同的类型和项目，如建有研究性学习基地或产、学、研一体化创业教育基地的大学，可安排大学生进行创业实践活动。

（二）不同课程类型的分析

创业教育的独特性不仅仅表现在其培养目标上，还反映在其课程类型上。现代课程论从大课程观的角度，将课程划分为三种基本形态：学科课程、活动课程和环境课程。创业教育作为一种独立的教育体系，在课程类型上当然也包括上述三种形态。但由于创业教育须进行一定的实践活动，因此，创业教育还有一种特殊的课程类型——创业实践活动课程。

1. 学科课程

学科课程是根据学校人才培养目标和社会发展水平，以科学文化知识为基础，从不同的学科选择出适合学生身心发展的知识组成各种不同的课程。传统的学科课程占大学生所学课程中的主要地位。随着科技和知识经济的发展，现有的学科课程在内容与形式上均存在一定的不足与缺陷，已不再占主导地位，然而，它仍然不可缺失。高等学校创业教育的学科课程应根据高等学校创业教育目标和实施创业教育的需要，为学生在创业过程中必须掌握的创业教育学科理论知识和创业理论知识而设置的理论性课程，主要由创业教育理论课程、创业理论知识课程和科技人文知识课程构成。

（1）创业教育通识类理论课程。创业教育理论课程主要由《创业教育概论》、《创业学》、《大学生创业导论》等课程构成。

①《创业教育概论》。开设《创业教育概论》课程的目的是一方面让学生了解国内外开展创业教育的现状，理解开展创业教育的意义，激发学生创业激情；另一方面让学生了解创业者应具备的素质，了解创业需要哪些知识和能力，了解国内外成功创业者和创业企业的成长和发展经历，了解企业从创建到发展直至成功的过程，

培养学生创业意识。

②《创业学》。开设《创业学》课程的目的是让大学生了解创业过程到底是怎么一回事；如何做好创业前的思想、心理、知识、技术、物质等各方面的准备；如何把创意转化为真正的创业；在可接受的条件下，需要多少资源用于创业；何时、何处、如何才能得到这些资源；为了抓住机遇，所需的最少资源是什么；如何抓住创业机遇；如何制订创业计划；哪些情况必须事先预见，提前准备；如何避开创业的陷阱和危险区；如何实现从创业阶段到成长阶段的转变等，让大学生懂得和掌握如何进行创业的思维。

③《大学生创业导论》。开设《大学生创业导论》课程的目的是让学生了解大学创业所具有的现实意义，了解大学生创业所需要具备的素质、知识和能力，激发学生创新思维；了解大学生创业环境、大学生创业的市场机会识别、大学生创业团队的组织管理、大学生创业的营销管理、大学生创业财务管理、大学生创业计划书的编制、大学生创业训练等，启发大学生一种做人的志气，生存的方法，改变大学生传统就业观念，培养大学生创业精神。

（2）创业理论知识课程。创业理论知识课程主要由《创业法律基础》、《创业管理学》、《市场营销学》、《成功与失败创业个案研究》等课程构成。

①《创业法律基础》。开设《创业法律基础》的目的是让创业者在开始创业之前要了解、熟悉我国的基本法律环境，该课程的内容可由《行政法》、《公司法》、《合同法》、《知识产权保护法》、《专利法》、《商标法》、《企业所得税法》、《产品质量法》、《广告法》、《反不正当竞争法》、《中小企业促进法》、《劳动法》和《劳动合同法》等与创业相关的法律知识构成。通过这门课程的学习，使学生了解在经济社会中与创业相关的现行法律制度，掌握企业在运行中的法律与政策问题，熟悉各种法律规范，使学生在创业中学会运用法律武器保护自己的合法权益，做到懂法、守法。

②《创业管理学》。开设《创业管理学》的目的是让学生在理论上掌握创业机会的发现与分析、创业环境的考察、创业项目的选

择、评估与运作、创业资金的筹集、创业团队的组建、新创企业经营的基本策略、创业管理策略及税务、工商、保险等。通过这门课程的学习让学生具备分析市场、运作项目、筹集资金、企业运营管理方面的知识，能在创业实践中准确运用创业理论知识指导创业实践。

③《市场营销学》。开设《市场营销学》课程的目的是让学生比较全面系统地掌握市场营销学的基本理论、基本知识、基本技能和方法，充分认识在经济全球化背景下加强企业营销管理的重要性，了解分析市场营销环境、研究市场购买行为、制定市场营销组合策略、组织和控制市场营销活动的基本程序和方法，培养和提高正确分析和解决市场营销管理问题的实践能力，以使创业的学生能够较好地适应市场营销管理工作实践的需要。

④《成功与失败创业个案研究》。开设《成功与失败创业个案研究》课程的目的是通过学习和分析创业成功和失败案例，让学生了解成功创业者发展历程和创业失败者的经验教训，为学生创业提供创业学习榜样和借鉴创业失败的经验教训。

（3）科技人文知识课程。科技人文知识课程主要由学校开设的科学技术类和人文社科类课程构成。让学生根据创业教育与创业实践及提高自身素质的实际需要，通过创业教育课程选修指南进行选修，促使学生创业意识形成和创业素质的提高。

然而与传统的学科教育不同的是，创业教育下的学科课程设置要实现四个转变：一是要从过去注重狭小的专业知识的传授，转变为不仅使大学生掌握扎实的专业知识，而且特别注意让大学生了解创业社会知识和创业经验；二是要从过去单纯地传授专业知识，转变为不仅能很好地传授创业知识，而且特别注意培养大学生的创造能力、创新能力和创业能力；三是要从过去主要根据大学生掌握知识和技能的多少来衡量学科设置的质量，转变为注重对大学生创业能力和创业素质的评定；四是要高度重视大学生个性的充分、自由发展，因为创业教育的核心目标——创业能力，不仅是一种智力特征，更是一种人格精神状态，是智力因素和非智力因素的融合。在创业教育课程体系中，通过学科课程的合理设置，有利于大学生在短时间内集中、系统地学习所必须掌握的人类长期积淀的间接创业知识和技能；通过学科课程的学习，有利于大学生具有深厚的理论逻辑思维能力去发现、分析和解决创业方面的问题；通过学科课程的学习，有利于大学生对与创业相关的学术性知识有较深的了解和学习，为以后更进一步从事创业实践和研究工作打下扎实而坚固的理论基石。

2. 活动课程

在创业教育课程的构成中，活动课程（ctivity curriculum）是为指导大学生获得直接创业教育经验和创业信息而设计的一种以活动为中介的创业课程形态，也常常被称之为“经验课程”。

一般认为，活动课程起源于19世纪末20世纪初欧美的“新教育活动”和“进步教育运动”，其发展历史较迟。溯其根源，就是卢梭的“自然教育”思想、裴斯泰洛齐的教育适应自然的原则和福禄倍尔的儿童自动发展的思想，尤以卢梭影响更甚。杜威也常被认为是活动课程发展史上的代表人物之一。卢梭的“世界之外无书籍，实事之外无教材”与杜威的“从做中学”都已彰显出活动课程的萌芽，常被统括为活动课程的理论。

活动课程是以充分而有特色地发展学生基本素质为目的，以最新信息和学生的直接经验为主要内容，按照各种实践活动项目和特定活动组成的一种辅助性的课程形态。它与创业实践活动的不同在于它不涉及直接的生产操作和经营管理，而是主要从认知、情感、动作技能等方面进行的活动。活动课程设置的内容可以来自学科知识的巩固、运用与验证，也可以来自大学生的兴趣和爱好或者是社会问题、家庭问题等社会生活的各个方面。主要由创业教育集体活动课程、专题活动课程和项目活动课程构成。

(1) 创业教育集体活动课程。创业教育集体活动课程是根据高等学校制订的创业教育目标，吸收广大学生参加，开展具有普遍教育意义的创业教育集体活动课程。其具体的表现形式一是举办全校性创业教育论坛。创业教育论坛主要是学校定期邀请社会上有经验的创业家、企业家、风险投资家、相关领域的政府官员尤其是创业成功的校友到学校开设讲座，与学生进行面对面的交流，给学生传授创业经验和技能，弥补学生社会经验不足和学校创业教育理论教学的局限。二是成立具有全校性的大学生创业协会，通过大学生创业社团，培养在校生的创业素养和能力，为学生和企业间搭建一座桥梁。达到弘扬创业精神，传播创业文化，发展创业事业的目的。

（2）创业教育专题活动课程。创业教育专题活动课程是根据高等学校制订的创业教育目标，专门设计的有明确主题的创业教育群体性活动课程。其具体表现形式一是创业计划大赛。创业计划大赛是对大学生创业模拟练习和创业专题培训的有效方式。在创业计划大赛过程中，学生要经过组队、选项目、培训、市场调查、完成创业计划书以及答辩等阶段。学生通过参加创业计划大赛可以获得模拟创业经验，体验创业经历，学习积累创业知识，培养创业能力，锻炼团队精神、沟通交流和组织管理能力，提高分析和研究市场能力，激发学生的创业精神和事业心，培养创业意识，提高创业技能。十余年的创业大赛历程告诉我们，创业大赛对创业教育有很大的推动作用，同时还诞生了一批初创企业，这对于创业成果的宣传、推广都有着举足轻重的作用。二是围绕明确的创业教育主题走进成功创业企业进行参观访问、社会调查等。通过参观访问、社会调查可以让学生与成功创业人士进行零距离接触，可以了解创业者的个性，了解创业者选择创业项目、洞察消费者心理、了解市场服务、生产、价格需求及公司运作的过程，直接感悟创业，获得创业的感性认识。

（3）创业教育项目活动课程。创业教育项目活动课程是根据高等学校制订的创业教育目标，在教师指导下，由学生个体独立承担的有明确主题的创业教育专题活动课程。其具体表现为学校围绕一个创业教育主题，设计出创业意识类、创业知识类、创业能力类和创业实务类等若干创业教育项目，供学生选择。在创业教育项目活动课程中，学生可以围绕创业教育项目选择自己感兴趣的活动内容，可以进行自我设计、自我组织、自我管理和自我评价，去亲身实践和体验。有利于发展学生的创业探究兴趣，丰富创业学习体验，增进独立思考能力，建立合理知识结构促使创业素质形成。

活动课程的突出特点就是它与现实生活的紧密联系，能充分发挥和体现出大学生的创造力和创业能力，具体体现为：

①现实生活是活动课程内容的主要源泉。大学生通过体验与创业相关的生活实例和实际情景，认识到创业知识产生于现实生活中的实际需要和实际问题，从而激励自己学习。

②现实生活是活动课程内容实践应用的场所。通过活动课程的内容在现实生活中的应用，使课程内容与大学生的现实生活和已有经验联系起来，让大学生深刻地理解所学内容的现实价值和社会意义。

③大学生通过直接运用所学知识解决现实生活中的问题，与现实生活相联系。大学生通过活动课程的学习在“做中学”，有利于他们学习能力、动手能力、交往能力、创造能力等综合能力的培养；有利于他们全面素质的培养；便于他们纳入即时信息，学到很多书本上学不到的东西；有利于他们主体精神的培养和各种非智力因素的发展，从而发展良好的个性心理品质。

3. 环境课程

在实施创业教育过程中，校园文化环境的隐性教育功能越来越被教育界人士所重视，并把它作为一门课程与学科课程、活动课程并行的新课程。认识和开发这门新课程，成为实施创业教育课程设置中的热点问题。

环境课程（又称潜在课程），是指学校通过教育环境（包括物质的、文化的和社会关系的）有意或无意地传递给学生的非公开性教育经验（包括学术的和非学术的）。环境课程主要是一种隐性的、潜在的课程方式，所以可以根据创业教育的目标，在班级环境、校园环境等物质环境上，不同程度地体现创业教育的主旨和目的；在黑板报、宣传栏上形成创业教育的人文环境；在学校制度层面上，形成创业教育的舆论、氛围和价值观念；在社会文化和心理层面上，结合校风、教风、学风建设进行创业教育；在师生关系和人际关系的互动中，形成创业教育的心理氛围。具体表现为以创业教育为理念和价值追求的精神文化建设，以鼓励学生创业的物质文化建设，以保证学生创业的制度文化建设，以引领学生创业的行为文化建设。

在创业教育课程体系中，环境课程为创业教育目标的实现，具有独特的优势。

(1) 虽然环境课程没有统编的教材，但却包含着从教科书中难以找到的活的创业教育因子。对大学生的身心发展、智力开发、创业思维模式的构建与形成，均发挥着潜移默化的作用，会在大学生心灵深处打下明显的烙印。

(2) 环境课程强调的是“境教”，与传授书本知识的“言教”相比，更生动、具体、直观地传送与创业相关的知识和经验等信息，更容易吸收和消化所获得的创业方面的信息。

(3) 环境课程具有鲜明性的特点。与环境的自发影响不同，环境课程具有鲜明的创业教育目的。其内容经过有意识的设计、选择和加工，使环境的自发影响升华到自为的教育。大学生在校园的各个空间、部位、活动中都会感受到这门课程中有形创业教育内容的启迪和感染，从而不断塑造自我、完善自我，养成良好的创业行为习惯。

环境课程的开发，主要从两方面入手：自然环境课程和校园文化环境课程。自然环境课程指一草一木的点缀，墙壁、地面等布局把校园装扮成绚丽多彩的画卷，以便陶冶大学生具备有创业者美好的品格和情感，让大学生的创业情操从这里萌发、成长，并到社会中去延伸和升华。校园文化环境课程指大学生置身于良好的创业教育氛围之中，耳濡目染，进行熏陶。在校园中，师生之间、教师之间的团队协作精神，良好的舆论导向，正确的人生目标，学习氛围等等这些均能以潜在的教育力量，以特有的形象符号感化着大学生。它们都应成为环境课程中的重要组成部分。特别说明的是，教师的创业人格魅力是环境课程中一个重要的教育支撑点。教师能积极有效地辐射创业情感，就能维系和强化大学生的积极创业精神。比其他规章更具教育威力。总之，环境课程中蕴藏着许多创业教育资源，是创业教育课程体系中有待开垦的处女地。

4. 实践课程

如果说课堂教学是大学生创业教育的第一课堂，那么实践活动就是其鲜活的第二课堂。作为一种实践性较强的教育，创业实践活动是实现创业教育的有效途径。它不仅为创业教育提供了特定的创业教育环境，而且还可以锻炼学生的实践能力，有目的、有计划、有组织地对大学生施加系统的创业教育影响。

创业实践课程是指为了完善学生创业知识结构，参与现实的创业经营管理工作，多方面训练学生，增强学生的创业能力和技能，培养学生创业个性的课程。在创业教育的课程结构中，创业实践课程是一种最能体现创业教育特点和性质的课程方式。作为创业教育的主要课程方式，具有新的内涵。

（1）创业实践课程必须通过教育化的改造，体现出创业教育的意义和价值，被加工和规范成为既符合教育教学规律，又符合大学生身心发展特点的教育方式和手段。

（2）创业实践课程作为一种课程方式，必须有教师和大学生的“双边活动”，有教师行为和大学生行为的规定要求，有师生之间相互作用的特定方式，有教育教学的特定空间和时间组织方式，有判断和评价教学效果的特定材料和价值观念。而这一切，均必须围绕创业教育的目标和要求，有目的、有计划、有组织地开展。

（3）创业实践课程应以大学生的自我教育、自主学习为主线，充分发挥大学生的主观能动性和积极性，独立地发现问题、分析问题、解决问题，在做中学、学中做，学做结合，动脑和动手结合，构筑起大学生自我教育和自主学习的教育实践活动序列。

（4）创业实践课程的最大特点，是以社会实践作为教育的重要方式和直接手段，以社会实践将教育的内容与形式统摄为一个整体，并将所有的教育资源依次为中心联合起来、综合起来。实践课程与教育活动、自我教育活动同质同构，融为一体。具体表现为模拟创业实验和创业实践两类。

①模拟创业实验。模拟创业实验是在教师指导下，利用虚拟的创业教育训练系统或虚拟的创业公司，学生在其中可经历创业的全

部业务操作过程，即从创业项目选择、创业资金的筹集、创业团队组建、创业企业的运作与管理、市场营销等都由学生亲自操作，培养学生创业能力和增长相关知识。

②创业实践。创业实践是学生创业理论与创业实务的具体应用。因此，要建立大学生创业实践基地（具体内容见第五章）。

（三）创业教育课程与其他大学课程的关系

创业教育课程是跨学科课程，在层次结构中，它应该属于“公共基础课程”，它的内容包括创业意识的培养、创业心理品质的培养、创业能力的培养和创业知识结构的培养。这些不是一门课就可以完成的，而是需要围绕“创业教育”这个中心的一系列课程来进行。

1. 创业教育课程与专业课程的关系

大学的普通教育是通过提供共同而广泛的教育，提高大学生的文化素养，促进其个性自由、和谐的发展，使之成为有理想、讲道德的合格公民。创业教育课程是大学普通教育课程体系中的一门通识性课程。它的知识面宽，比起专业课程，理论深度较浅。创业教育课程与专业课程的课程目标、课程内容虽各有侧重，但不矛盾，它们呈现出相互补充，但相互不可取代的关系。学习创业教育课程为专业课程学习和专业知识的运用奠定了一定基础。一方面，从创业教育课程中获得开创意识、技能和精神，被自觉运用于专业学习中，学生能运用开拓性的思维批判地学习专业知识，能更好地领悟和吸收专业知识。另一方面，创业教育课程涉及的知识面广，能弥补专业课程涉及面窄的缺陷。而专业课程所学的知识则是学生整个知识体系中最基本的构成，占主要地位。无论学生走上创业还是就业的道路，他们都需要某一专业、职业的有关知识。如果没有一定的知识储备，只具有开创精神，那也到达不了成功的彼岸。

2. 创业教育课程与其他公共基础课程的关系

创业教育课程因为自身的内容和性质的不同，它和其他公共课程表现出既依赖又独立的关系。

（1）创业教育课程依赖于其他公共基础课程。创业教育课程广泛涉及政治学、经济学、管理学、法学等方面，因此，需要多方面的知识储备。在大学公共基础课程体系中设有语言文化、政治经济、计算机应用、历史、艺术、自我修养等各类课程，这些课程所涉及的内容是创业课程的基础，学习创业相关的知识、技能有赖于这些公共基础课程提供的知识，所以创业课程有赖于其他公共基础课程。

（2）创业教育课程又是独立的。政治学、经济学等学科固然涉及创业方面的主要知识内容，但它们本身不构成我们所说的创业教育，这些课程不能代替创业教育课程。创业教育和它们的最大区别就在于，它们往往只是单纯地分析社会、经济的现象和原因，解决遇到的一些问题，处于被动的地位。而创业教育则站在它们的基础之上，学生通过跨学科策略的培养，激发创业意识，培养开创性的个性，从而更有效地识别社会、经济中的一些问题或时机，能够使自己的行为适应这个时机，获得成功。

（四）引入国际创业培训课程

在国际劳工组织的创业教育课程体系中，KAB 项目、SIYB 项目、YBC 项目共同构成一个完整的创业培训体系，可根据需要设定为必修课或选修课。

1. KAB（Know About Business）项目

KAB 是国际劳动组织为培养大中学生的创业意识和创业能力而专门开发的新项目。该项目通过教授有关企业和创业的基本知识，提高毕业生的创业能力和就业能力。目前，该项目在肯尼亚、斯里兰卡、秘鲁、乌兹别克斯坦、印度尼西亚、坦桑尼亚、越南等十多个国家已有良好应用。2005 年，中华全国联合会与国际劳工组织进行三轮项目磋商，正式启动 KAB 大学生创业教育项目。《大学生 KAB 创业基础》以国际劳工组织开发的教材为蓝本，将培训内容分为 8 个模块，依次为：

模块 1：什么是企业？

模块 2：为什么要发扬创业精神？

模块 3：什么样的人能成为创业者？

模块 4：如何成为创业者？

模块5：如何找到一个好的创业想法？

模块6：如何组建一家企业？

模块7：如何经营一家企业？

模块8：创业准备：商业计划书。

该门课程对企业、创业等职场元素进行了分析和介绍，通过测量工具、团队游戏帮助学生了解创业者的基本特征和所需素质，使学生了解从产生商业想法、写出商业计划书、组建一个企业直到运营的企业发展、运作的基本过程。通过课程学习，学生可以较为深入地了解职业环境和商业的基本运作过程，同时掌握建立和运营企业的基本知识及技能，提高学生毕业后的职场适应能力和创业能力。本课程实行小班授课（不超过30人），采用参与式的培训方法，可使学生的沟通能力、表达能力、团队合作能力、领导能力等基本素质得到发展和提高。

2. SIYB（Start and Improve Your Business）项目

SIYB项目是联合国国际劳工组织为了支持发展中国家中小企业的发展，专门组织开发的创业培训体系，由英国国际发展部提供资金支持。该项目由一系列针对小型和中型企业开发的有专门教材的、精练的和模块管理的培训课程组成，在世界上80多个国家推广。该项目是在英国政府和日本政府的资金援助下，根据我国再就业工程的需要，由中国劳动和社会保障部与国际劳工组织合作实施，为促进社会就业而推出的具有探索性的试点培训项目。

SIYB创业培训是一套简明、通俗、适用的创业培训体系。它打破了传统的教学模式，利用现代化多媒体教学工具，通过头脑风暴法、情景模拟法、角色扮演法、SIYB游戏等多种培训方法，形成了教师与学员之间的真正互动，极大地激发了学员的学习潜能与学习兴趣。

该项目培训内容涉及以下四个模块，四个培训模块既相互独立，又相互联系，学员可根据自身情况选择。课程采取“U”字形授课模式，小班授课，增强了教师与学员的互动性、参与性，提高了教学质量。

模块1——GYB（意为“产生你的企业想法”）：确定你是否具备创办企业的素质和能力，产生创办企业的想法，找出最适合你个人情况的创业想法。

模块2——SYB（意为“创办你的企业”）：了解小型企业的法律要求，制订企业人力资源管理计划、市场营销计划和财务计划，规划你的企业财务，计算所需投资，将各种计划整理好。

模块3——IYB（意为“改善你的企业”）：开发和实施市场营销计划，为产品和服务核算成本、控制库存，准备财务计划和财务报表，建立记账体系，起草生产力改进计划。

模块4——EYB（意为“完善你的企业”）：帮助希望扩大自己企业的增长型企业家在扩大企业方面获得战略性建议和战略规划服务，使企业家在课程结束时制定出一套适合自己企业的可行的企业增长战略，并能够成功地指导企业增长战略的实施。

3. YBC（Youth Business China）项目

YBC项目是2003年11月由共青团中央、中华全国青年联合会、国际劳动和社会保障部、中华全国工商业联合会等机构倡导发起，旨在扶助中国青年创业的教育性公益项目。通过借鉴和利用英国青年创业国际计划（Youth Business International）的项目模式、先进经验和国际资源，中国青年创业国际计划将探索符合中国国情和文化特点的创业扶助模式，帮助中国青年走上创业成功之路。该项目通过动员社会各界特别是工商界的资源，为创业青年提供“一对一”导师辅导以及资金、技术和网络支持，帮助青年成功创业。它和其他创业项目相比，最大的不同在于：不仅能为创业青年提供3万~5万元的创业启动免息贷款，而且还能为他们提供“一对一”陪伴式创业导师辅导，既融资又融智。众多有社会责任感的企业家、企业管理人士以志愿者的身份参加项目的推广、管理工作，他们或者提供资金、技术、网络支持，或者本人担任、鼓励员工志愿担任创业导师。

四、创业教育制度体系

学校教育制度主要包括学校组织机构和管理制度。高等学校创业教育制度是推进创业教育的规程和准则，具有引导、激励和规范作用。

（一）建立创业教育的领导组织

学校有了明确的创业教育思想后，还必须实施有力的创业教育组织领导。只有这样，创业教育的指导思想才会落到实处。

1. 建立学校创业教育领导小组

学校成立由学校党政领导、督学、有关职能部门及各教学单位负责人组成的全校创业教育领导小组，负责领导、协调全校创业教育工作，对推进创业教育中牵涉全局的规划、政策、表彰等重大事宜负有决策权力，负责对全校创业教育工作和下级创业教育组织或团体进行宏观管理和监控。

2. 成立创业与创业教育研究中心

高等学校创业与创业教育研究中心是进行创业与创业教育学术研究机构，负责组织人员进行创业与创业教育的学术研究，负责组织申报各类创业与创业教育研究课题，定期组织召开创业与创业教育学术研究会议，并积极组织创业与创业教育论坛，为创业和创业教育的理论研究和交流提供园地。

3. 建立大学生创业指导中心

高校大学生创业指导中心是学校促进校企文化结合，扶持大学生创业的机构。负责宣传大学生创业政策和信息，普及创业教育，开展创业指导和专题讲座，推广成功创业者的经验；负责创业社团的管理工作。

（二）制定创业教育教学管理制度

1. 构建由创业教育课程模块组成的“平台+模块”课程体系

学分制是以学生自主选择学习内容为核心，以学分和绩点作为衡量学生学习量与质的计量单位，以取得一定学分和平均学分绩点作为毕业和获得学位的标准的一种教学管理制度。高等学校推进创业教育必须在基础课程和专业课程这个平台上构建创业教育课程模块。建构创业教育课程的必修课、选修课、任选课的课程结构。这种“可组合性”的课程体系，以柔性的教学运行机制代替刚性的教学运行机制，利于学生自主学习，利于引导学生学习创业知识，接受创业教育，方便学生进行自我设计和选择成才方向，促进学生个性发展。

2. 实行创业教育的弹性学习制度

所谓弹性学习是以弹性、自治、学习者中心为基本概念，以学生自主进行学习选择为特点的一种学习活动。弹性学习制度允许学生在学期间可以休学、转学、停学；允许提前修满学分，符合毕业条件的学生准予提前毕业；对不能在规定的基本学制年限内按要求修满学分的学生，可以推迟毕业。这样学生在学期间，可以根据自身实际情况，可以申请创业、就业，实行工学交替，分阶段地完成学业。弹性学习制度尤其对有创业愿望的学生边学边实践，有利于探索创业新路。

五、创业教育保障体系

高等学校创业教育保障体系是为了保障创业教育实施而建立的，它主要包括政策、师资、服务和校园文化环境。

（一）创业教育的政策保障

1. 制定推进创业教育的指导性意见

高等学校要参照国家的有关文件精神，制定推进创业教育的指导性意见，明确高等学校创业教育的指导思想和目标、实施原则、要求和对策。在校园内形成对创业教育的统一认识。

2. 制订推进创业教育教学方案

高等学校要把创业教育纳入学校教育过程，要研究制订创业教育教学方案，这是学校推进创业教育的载体与依据。要通过研究制订创业教育教学方案，确定创业教育课程类型、设置课程的门数、教学时间的分配、学生学习方式及创业教育教材的选择。

3．制定鼓励和推进大学生创业的政策

高等学校要制定鼓励和推进大学生创业的政策，并设立大学生创业基金，为经过专家论证具有良好前景的创业项目提供资金扶持，为创业团队提供初始创业基金。同时，学校要积极利用政府的政策，为学生创业提供税收、融资、房租的优惠，鼓励学生进行创业实践。对在创业过程中作出成绩的学生给予奖励。

（二）创业教育的师资保障

1．组建进行创业与创业教育研究的教师队伍

学校要有专职进行创业与创业教育研究的教师队伍，加强对创业与创业教育理论研究；研究高校创业教育现状、存在的问题及对策；探求高等学校创业教育发展规律及趋势；为高等学校创业教育教学改革、学科发展和更好地实施创业教育提供具有科学性、前瞻性和开创性的理论根据。研究求职者就业规律和自主创业规律，研究就业形势和就业创业政策，研究就业创业方法、技巧；研究创业者素质结构及整理成功创业者的案例，尽快形成创业教育科学理论体系，编撰出科学、实用的创业教育教材。

2．组建承担创业教育课程教学的教师队伍

高等学校创业教育的推进，离不开课程教学。这就需要建立一支创业教育教学教师队伍，它应由经济管理类专家、工程技术类专家、政府经济部门专家、成功企业家、孵化器的管理专家和风险投资家等人员构成。

3．组建指导学生创业实践的教师队伍

创业实践是推进创业教育的重要载体。建立创业实践指导教师队伍就是让“创业导师”为学生创业提供技能和经验方面的支持，指导学生的创业实践。

（三）创业教育的服务保障

1．为学生创业提供信息服务

学校要加强创业与创业教育的计算机网站建设，充分利用现代技术手段收集、研究、处理、反馈适应大学生就业和创业需要的短

期市场信息；利用校园广播、电视发布利于学生就业和创业的信息与项目，为学生就业和创业提供充分的信息。

2. 为学生进入创业市场提供中介服务

建立大学生创业中介服务机构，为学生创办企业需要的工商、税务等方面提供咨询服务，为学生创业提供资金担保服务。

3. 为学生创业提供技术服务

学校要充分发挥人才优势和技术优势，为学生创业提供技术、信息、资料、设备等方面的支持，尤其是高校教师的科研成果和发明、技术专利，要优先提供给有创业愿望的学生，使其在创业的同时又能够促进科研成果的转化，加速科研成果转化为生产力的进程。

（四）创业教育的文化环境保障

1. 加强以创业文化为主题的校园文化建设

在精神文化建设中要突出创业教育的思想，要把创业教育转变为办学新理念；在制度文化建设中要体现为培养创业型人才创造有利条件；在物质文化建设中凸显创业教育思想；在行为文化建设中突出教师和学生创新创业精神的培育。

2. 建设有利于创业的舆论环境

学校要广泛利用广播、电视、校刊、校报、板报等宣传工具，大力宣传创业的重要意义，宣传创业的经验，宣传成功创业的典型，树立勇于创业的榜样，弘扬创业精神，在校园形成讲创业、想创业、崇尚创业、以创业为荣的校园舆论氛围，引导形成鼓励创新、开拓进取、宽容失败、团结合作、乐于奉献的校园创业文化氛围。

第五章　高校创业教育的实施策略

我国是一个发展中的人口大国，就业压力十分沉重，而持续稳定发展的社会主义现代化建设事业，巨大的市场，无数等待开发的领域，蕴藏着无穷的机会，为毕业生进行创业提供了无限广阔的天地。如何有效利用这丰富的劳动力资源，是一个严峻的挑战。根据国际有关经验，在知识经济时代，大学毕业生创办“民营性质”的小企业，既是毕业生就业的重要渠道，又是发展经济、为社会创造就业岗位的重要途径。现在越来越多的大学毕业生正在把“创业”看做与“就业”和“出国”两大出路并行的第三条出路。这第三条路是符合经济社会发展要求之路，于国、于民、于己都十分有益。

一、创业教育实施的原则

创业教育与其他的教育一样，有其自身的发展规律，其中的教育者和被教育者都应该遵循相应的原则。

（一）目标激励原则

创业目标是指创业者在创业过程中努力争取达到的预期结果，是创业者的动力所在，只有目标明确，才可能果断决策和周密计划创业活动。创业目标包括干什么、怎么干、结果是什么三个方面的内容。在制订目标时，要根据大学生进行各项具体措施的可操作性，各种办法的目标要恰当，不可高出受教育者的能力，这样才能激发出受教育者的热情。

（二）实践性原则

大学生创业能力的培养有赖于实践活动，创业实践活动是使创业行为外显的实际媒体，创业活动只有通过实践，才能得到深层次的训练。首先，要明确创业实践活动的含义。创业实践活动是指具有创业教育意义和价值的创业教育的特定课程模式，是以学生的自我教育和自主学习为主线的教育活动；是以利用实践为纽带的，以实践成果为价值判断的教育方式。其次，学校应寻找创业教育特定的课程模式。创业教育的课程模式是教师根据创业教育的目标、内容、要求，有目的、有计划地组织和建立的，是学生根据自己的需要、兴趣和特长，主动参加和积极配合的，具有特殊性质的双边活动。只有做好这两方面的工作才能找到教育的着力点，创业教育的实践性原则才能得以真正有效地运用。

（三）因材施教原则

《论语·为政》“子游问孝”、“子夏问孝”朱熹集注引宋代程颐曰：“子游能养而或失于敬，子夏能直义而或少温润之色，各因其材之高下与其所失而告之。”故因材施教指针对学习的人的志趣、能力等具体情况进行不同的教育。

大学生创业教育应遵循因材施教原则。每个学生的志向、兴趣、心理承受能力、分析决策能力、反应变化能力、沟通协调能力都有所不同。高校在制定创业教育通识类课程体系并实施教育时，针对不同专业学生的具体情况，老师应该提出个性化的教育培养方案，开发受教育者潜能，激发学生的创业热情，逐层递进帮助受教育者树立创业信心，熟悉创业流程，降低创业风险，提高创业教育的实效性。

（四）资源整合原则

大学生创业必须依赖于良好的创业环境。创业环境依靠社会多方提供。张玉利专家指出：中国的创业环境中还存在软肋，在金融支持、政府政策、政府项目、教育与培训、研究开发转移、商务环境及文化与社会规范等方面均存在不少问题，有待改善。改革开放以来，各地十分重视投资环境建设，现在应该更多地关注创业环境的建设。创业教育不光是高校的事情，而且是全社会的事情，不仅仅需要相应管理部门政策的出台和落实，还需要创业园区、行业协会、大小企业和工商界、劳动保障等部门提供资源、服务和信息，整合资源通力协作，才能更好地推进创业教育。

二、创业教育实施的思路

（一）分层次实施创业教育

目前，虽然我国大多数高校的创业教育在教育对象定位上都是面向全体学生的。但事实上并非如此，一是很多教育工作者和大学生的观念中认为创业教育是对少数创新能力比较强，学习成绩非常优秀的学生开展的教育，大部分学生是难以涉足的。二是我国高校的创业教育开始于创业计划大赛，在开展创业教育的高校中，由于创业教育供给的欠缺，创业教育实施的对象又确实是仅局限于少数学生。各个学校设立的大大小小的“创新实验室”、“学生创业俱乐部”、“科创中心”都是精英化的机构，大部分同学因各方面条件的限制而只能成为袖手旁观的“看客”。这种片面的认识及状况也扼杀、挫伤了大多数学生的创业积极性。

因此，我国的高校创业教育应实施分层次教育，即普及型创业教育和专业型创业教育相结合。面对全体学生，采用普及型创业教育，以培养创业意识和创业精神为教学目标。从大学一年级开始注意培养学生的创业精神和创业能力，并随着学生年级的升高而加大这种教育的力度。面对在校期间有创业能力和创业条件的同学，采用专业型创业教育，以培养创业者为教学目标。在学生管理和学籍管理方面采用“弹性”管理，给予创业培训和创业支持，培养自主创业者。在校园内树立自主创业的典范，形成浓厚的高校创业氛围。

（二）分专业实施创业教育

面向各专业，对所有学生实施创业教育是我们共同的教育目标。但共性之中包含着个性，在创业教育这个共同目标下，包含了实施对象专业的不同和个性特点各有差异的现实。文科生、理科生、工科学生在知识背景、思维方式、思想观念、个性特点、做事风格诸方面都是各有不同的，他们在接受同一事物的能力与方式上也是大有差异的。而这种差异也造成了大学生在接受创业教育的需求层次、目标定位和教育基础等方面的不同，这是我们创业教育过程中不容回避的客观存在。

专业教育是创业教育的基础。“没有专业教育的支撑，创业教育就是空中楼阁。高校实施创业教育必须依靠专业教育，树立以创业为导向的专业教育，指导大学生发挥专业优势，创办那种只有懂得专业的人才才能做得好的那类‘高门槛’的生意”①。在专业教育中，增加以专业型创业为导向的专业课程的教学内容。鼓励和指导学生收集、积累和掌握专业型创业相关的各种资料、相关信息，包括行业准入制度、法律法规、行业标准、市场环境和价格等商务信息等。在掌握专业型创业的各种相关信息的过程中，时刻留意专业领域中的自雇型创业机会，特别是那种专业性较强、门槛较高、投资在2万~30万元人民币之间的商机，对其进行深入研究，发现利润点，设计出获利的商业模式。利用专业实习的机会，对创业型企业的商机进行实地考察，向业内人士请教，并与他们建立联系，鼓励学生利用寒暑假进行全方位、多地点的实地考察，获得第一手资料、体验和感悟。准确抓住商机，开创科技企业。

高校创业教育要关注个体差异和专业差异。注重创业教育的专业性与普及性的结合。

三、创业教育实施的策略

创业教育理念怎样才能变成高等学校的教育实践，怎样促使高校就业型人才培养模式向创业型人才培养模式转变，是推进我国高等教育大众化进程，提高高等教育质量的关键。

（一）树立以创业教育为核心的教育理念改革人才培养模式

培养创业型人才是知识经济时代对高等教育提出的新要求，也是我国高等教育从精英化走向大众化的必然选择。

---

① 范龙，尹琦．大学生创业定位与创业教育［J］．中国高教研究，2007（7）．

就高校而言，一要调整学校的办学指导思想即要从狭窄的知识教育、单纯就业教育转向以提高学生综合素质为主的创业教育，把创业素质教育，培养创业型人才作为高等学校教育的重要内容，追求以人为本，以创业教育为核心的教育新理念。把培养创业能力作为一种新的教育目标、新的人才培养模式和教育改革方向。学校教育不等于职前岗位培训，它给学生提供的是一个走向社会的起点，而不是终点，要改变专业对口的静态就业观，确立就业就是不断创业的动态过程的人才观，不但自己就业，还能为社会创造更多的就业岗位。高等学校应改革传统的人才培养模式，从就业教育转向创业教育的人才培养模式，从单一人才观转为复合通用人才观，现代社会所青睐的人才不再是专业定向、意识定态、思维定式、技能定型的人，而是拥有多种能力，具备宽泛专业基础，敢于独立创新等素质潜能的人。因为知识经济时代的教育不仅仅是就业、择业教育，更应该是创造、创新、创业教育。大学应该成为创造创业型人才培养的摇篮，教会学生创业，为学生走向社会、独立谋生奠定基础。

（二）明确创业教育定位是开展创业教育的先导

创业教育的正确定位是高校创业教育有效实施的前提条件，高校首先应该明确创业教育的教育地位问题，也就是说，创业教育在高校人才培养中主要解决什么问题，从创业素质的构成来看，对学生进行从事企业、商业等行业规划、创业经营、发展的全过程教育，并在其中培养和开发学生的创新精神、冒险精神、创造能力、事业心、进取心、责任心、信心和毅力等素质的培养是创业教育的初衷。从这个意义上来讲，创业教育的定位应该是大学生素质教育与创新教育的一个重要组成部分。

高校如何进行具有本校特色的创业教育，要从高校自身的微观层面上为自己定位，学校的性质不同，所在地区不同，学科特色不一，创业培养方向也不相同，创业教育的实施也就有所不同。创业教育的具体实施需要从本校和学生的实际出发，从本地区的经济发展状况出发，结合学校学科特色制订适合自身的创业教育目标。

（三）加强师资队伍建设是开展创业教育的关键

实施创业教育，必须加强创业教育师资队伍的建设，优化师资配置，形成合理的师资体系。创业教育教师应该具备创新精神和创造力、有经济的头脑、创业的理论与实践、金融的常识与管理的才能，但是，目前多数高校教师缺乏创业知识和创业体验，这是制约高校创业教育向深层次发展的瓶颈。因此，提高创业教育课程师资水平、构建创业教育师资队伍体系是当前高校开展创业教育急需解决的问题。

1. 创业教育课师资队伍现状

我国自实施创业教育至今，高校的创业教育以较快的速度发展起来，许多学校取得了可喜的教学和研究成果。但是，由于起步较晚以及创业教育内容非常丰富，涉及多学科、多领域、多种能力和较强的技术性等多种因素，使这门学科呈现出对教师综合素质要求较高的现实和目前创业教育师资队伍力量薄弱的现状，主要表现在：

（1）教师不能满足创业教育的教学需求。目前，高校的创业教育专职教师大多是从“两课”教师、学生管理人员等转过来的，知识缺陷较为明显，严重制约了创业教育的发展。

（2）缺少具有创业经历的名师。名师既是一种经过自身努力脱颖而出的优秀教育人才的典范，更是在一定的社会背景和历史过程的积淀中培育出来的教师精英。我国的创业教育还处在萌芽阶段，这样的背景和过程不具备，具有创业经历的名师更是凤毛麟角。

（3）缺少“双师”（既是专业理论名师，又是实践经验的工程师、经济师、律师……）素质的教师。“双师”素质的教师是能够驾驭创业教育课理论和实践，是把创业教育落到实处的真正力量。创业教育对“双师”素质的教师要求要高于其他专业。而我们国家社会和大学脱节的现状是这类教师匮乏的直接原因。

（4）缺少企事业单位的兼职教师。这种状况不仅造成企业和学校之间的沟通缺少桥梁，创业教育的开展缺少实践的基础，又使学生的学习缺乏实践的指南。

2. 创业教育对高校教师素质的新要求

创业教育内在的特征决定了创业教育的从教人员不仅要具备普通教师一般的职业素质要求，更要明确创业教育对高校教师素质的新要求，以便有针对性地进行教师自身建设和师资培训。

（1）具有以人为本、终身教育和可持续发展的大学教育理念。这是基于创业教育特征，开展创业教育的观念前提。

（2）具有终身学习和探究现代教育思想的精神。现代教育是以学生为本、为学生今后发展服务的教育。创业教育的开展首先要体现以人为本的教育观，还要体现终身学习和发展的需求。要求教师要具有不断学习和探究现代教育思想的精神，具有终身学习的能力，才能不断更新思想、观念，掌握新的信息和教育技术，用崭新的教育理念和适用的教育手段、技能去从教，培养学生的创业能力，使他们能成为高素质的人才。

（3）具有较为综合的知识结构。创业教育课涵盖的内容非常丰富，它强调科学技术与社会实践的结合，突出创业意识与创业能力的培养，体现了学科的交叉综合，因此，创业教育课教师应该具有较为综合、渊博的知识，扎实的理论基础，厚实的学术造诣，即成为复合性知识结构的教师。这样，才能驾驭和指导学生进行学习、创业。

（4）具有较强的专业实践能力。创业教育课没有现成的适合于所有学校和学生的教学参考书、教科书和教学大纲。因此，要求创业教育课教师要会设计适合创业活动的教学方案，并根据各自的方案进行具有特色的教学实践活动，在实践活动过程中，创业教育活动课教师要根据活动进行的情况或派生出的有意义的新问题，对原设计方案进行及时的修改或补充，使活动进行得更有利于学生发展。

（5）具有应用信息的能力。应用信息的能力一般包括信息是从什么地方收集的、什么样的信息才算是比较重要的信息，以及信息间的关系是什么等问题。如果我们想要深入地研究一个问题，那么应用信息的能力是一个基本条件。这不仅是对学生的要求，而且也是对我们的教师提出的一个要求。创业教育课与信息技术有着十分密切的联系，教师如果具有比较过硬的信息应用能力，就可以在创业活动中辅导学生利用信息技术解决一系列的问题。

（6）具有对创业课教材的创新能力。创业教育课教师对教材的创新能力主要表现在两个方面：一方面能够创造性地使用教材，即创业教育课教师要发挥自己的教育智慧，灵活分析、处理教材，充分挖掘教材中适应时代要求的内容，还要对教材进行扩展与补充；另一方面应具有开发校本教材的能力。创业教育课教师要成为创业教育课教材开发的主体。要根据地方社会经济发展状况和学生的实际进行课程开发。创业教育校本教材的开发既要立足于本地本校实际，同时又要跳出去使教材具有一定的高度和前瞻性，很重要的一点是为学生毕业后走上社会创业和从事创业教育活动服务。

3. 构建专兼职结合的创业教育师资队伍

创业教育者是创业教育的实施者和承担责任人。创业教育者的素质关系到创业教育的效果。由于创业教育涉及范围广，实践性强，和社会的联系紧密，因此，高校创业教育师资队伍的配置必须要面向社会敞开大门，建立一支专兼职结合的创业教育师资队伍。

（1）专职教师。专职教师是那些在教育活动中专门从事创业教育教学活动的教育者。他们在创业教育的教学活动中主要承担两方面的任务：一为“定向”的任务，即专职教师在创业教育实施的过程中，首先就要通过研究，明确自己教育教学活动的发展方向，规定出教育活动的目的，并围绕这一目的开展教育活动。二为“选择”的任务，即根据教育目的和受教育者的身心发展情况、知识水平，确定教育内容，选择适当的教育方法对受教育者进行创业学方面的教学。对于这些专职教师而言，他们不仅要有创业所需的经济管理、市场销售、企业管理等方面的相关理论知识，有为学生开设创业学相关课程的教育教学，而且还要了解企业运作、行业发展的实际清况。专职教师除了要具备良好的理论功底，还必须具有丰富的实践经验，因此创业教育的专职教师除了要不断丰富自身创业学知识，提高自己的教学能力以外，还要经常深入公司、企业当中和创业者进行交流，进行见习和实习活动。

（2）兼职教师。由于创业需要多方面的知识和能力，专职教师很难具备那么完备的知识结构，因此创业教育的成功实施，必须从学校和培训机构外聘请一些教师，而这些教师通常是某个领域的成功人士或专家，他对受教育者的影响不仅仅是知识的传授，更为重要的在于对企业持续性发展的咨询和帮助。结合国内外创业教育的成功经验和我国的实践探索，教授创业教育的专家应来自经济管理、工程技术、政府经济部门、企业、创业园、投资公司等领域。

①经济管理理论专家。经济管理领域的理论专家熟悉现代经济理论和市场运作规律，对国家的经济政策具有较强的把握能力和预测能力，这有利于培养大学生对市场的敏感和对经济政策的领悟能力，以便及时调整市场策略，适应各种变化。

②技术专家。工程领域的技术专家了解世界科技发展的最新动态，能够把握某一领域的技术革命所产生的震动和影响，这有利于帮助大学生了解科技发展给企业带来的机遇和挑战，使大学生善于在变化中抓住商机。

③政府人员。在经济发展过程中，政府部门每一项政策或法规的出台都会引起经济界的变化和改组，进而给企业带来新的机遇或者出局的厄运。政府经济部门的管理人员能够帮助大学生了解政府经济部门在产业发展中制定的政策、扶植措施、计划、规划等宏观调控行为，把握其将要带来的变化，争取政府经济部门的支持。

④企业家。成功的企业家具有强烈的竞争意识和坚定的自信心，对创业者具有不可抗拒的影响力和感染力。他们大都走过了一条坎坷不平的创业之路，其宝贵的经验和教训具有很好的激励和借鉴作用。与成功的企业家沟通、交流，能够激发创业的激情，树立信心，并以其为楷模。

⑤孵化管理者。企业孵化器是一种为新创企业成长和发展提供系统支持和资源网络的经济组织形式。企业孵化器具有提供场所和各种配套服务与管理，各种中介服务、融资服务，创业培养与咨询服务等功能。国家给予科技企业和高新技术企业的优惠政策，孵化器对孵化企业的扶持作用，最终都是由孵化器的管理人员去落实，

孵化器的管理专家在创业者与孵化器之间搭建起一座桥梁，他们是最直接帮助大学生创业者创建新企业的人。

⑥风险投资家。风险投资家熟悉创业投资，了解什么样的项目、什么样的商业机会能够有市场，能够最终赢得消费者，产生经济效益。他们更清楚投资人的心态、目标以及投资的方向、策略，他们的投资经历对于青年学生学习创业知识、提高创业技能具有重要作用。

⑦法律专家，创业要在一定的社会背景和法律规范下进行，对于创业者而言，掌握必要的相关法律知识是保证企业合法正常发展的前提。所以，创业教育离不开法律专家的指导。

以上专家体系是动态的，他们在高校创业教育管理部门的统一协调、管理下，以专题等形式为学生授课。

4. 完成上述目标的配套措施

（1）建设由校级领导负责的专门的创业教育研究机构，全面协调教育、教学、教师管理、实践基地建设管理等工作。

（2）加强与国内外师资的交流与合作。建立一条或多条吸引国内外优秀创业教育人才的绿色通道，随时随地不受限制地招聘和吸纳国内外优秀教师或毕业生进校工作；建立一条或多条人才合理流动的渠道，使创业教育教师能进能出，合理流动，通过讲学、访问、国际国内学术和科研合作，开展国际合作办学等多种方式，使教师拓宽国际视野，在流动中提高创业教育素质，培养创业教育学科带头人。

（3）优化创业教育环境。一方面高校办学要树立创业教育理念，在此理念之下有规划、有战略、有步骤地开展创业教育的师资培训等工作；另一方面，也是十分重要的方面是投资建设创业教育学科，使创业教育形成规模，使教师在更广阔的空间去创造，在创造的同时得到发展提高。

（4）建设创业教育实践基地，为教师及学生从事创业教育、活动提供实践支持。在实践与创业活动中，培养专家型教师队伍。

（四）规范创业教育评价是开展创业教育的保障

由于创业教育不是仅针对少数学生，也不是只针对课堂教学，而且，它的目的也不是让学生都要去创业，不仅要对有创业意识和能力的学生进行创业教育，还要对没有创业意识和能力的学生进行创业教育；不仅是课堂教学，还有社会实践活动；不仅要让学生通过创业、进而走向成功，也要向学生就业、成长的有利方向发展。因此，创业教育的评价应该是多样的。评价原则和方法的正确科学与否，关系到创业教育能否走上正轨，使学生从“高分低能”的模式中走出来。这也就是评价的导向作用。

1. 评价原则

（1）以纵向评价为主，横向评价为辅。创业教育不管是知识和能力的形成，还是意识和心理品质的改变，都需要一个长期的过程，而且因人而异。因此，对于创业教育来说，应以纵向评价为主，引导学生不断地更新、完善和发展自己。

（2）以自我评价为主，他人评价为辅。传统的教育几乎全是他人评价为主，包括学校的奖励、老师的肯定、同学的认可、父母的满意，等等，学生要成为他人眼中的好学生，这样就很容易失去自我。而创业教育是要培养具有开创精神和创新意识的人。因此，创业教育以自我评价为主，不仅可以增强学生的敢为性、独立性、坚定自信这些品质，还可以让学生摆脱他人思维的束缚，更容易取得创业的成功。

（3）以社会评价为主，学校评价为辅。老师眼中的“好学生”或同学心中的“好同学”，并不意味着以后就能创业，成为一个“好创业者”，一切还得让社会这个“大法官”来检验，创业教育的评价应最大限度地贴近社会现实、体现现实真相，这样学生才能真正知道该怎样做才能符合社会现实，才能在今后的创业道路上立于不败之地。

（4）以改进和管理功能为主，鉴定选拔功能为辅。创业教育中鉴定和选拔功能固然是一个方面，但改进和管理功能更符合创业教育的目的和意图。改进功能主要表现在：首先，帮助学生改进学习，创业教育对学生来说是个全新的领域，而且学生要习得的不仅是知识和能力，还要改变意识和心理品质。教育评价能使大学生明确教学目标，将自己掌握的与教学目标相对照，并且通过老师的指点，诊断自己在学习中存在的困难和问题，知道自己学习的进度和改变的程度，找出差距，弥补不足。其次，帮助教师改进教学。教师可以通过教育评价反馈出的学生学习情况，了解自己的教学效果，判断自己的教学是否达到了教学目标的要求，自己所采取的教学方法是否有效等，从而改进自己在教学过程中存在的问题。最后，帮助学校改进工作，及时总结经验。创业教育在高校的开展，是一个崭新的课题，学校可以通过教育评价，一方面考核教师的教，另一方面检查自身在管理上有无漏洞，对存在的问题及时调整。管理功能主要表现的方面，除了通过教育评价来加强学校对老师的管理、老师对班级的管理外，还体现在政府的教育部门对各大高校在实施创业教育过程中效果的评价。

2. 评价方法

由于创业教育的目标是对学生全方位的培养，所以评价的方法也应是全方位的、多样的。教育学中常用的评价方法主要有测验法、观察法、问卷法、评定法、访谈法等，创业教育依然可以沿用。

（1）测验法。一提到测验，就会想到考试。其实，测验法包含很多种类，按测验的性质分类，可以分为学生成绩测验、智力测验、性向测验及人格测验，等等；按照测验的功能分类，可分为安置性测验、诊断性测验、形成性测验及终结性测验，等等；按测验的形式分类，可以分为口试、笔试、操作，等等。就拿按测验性质分类的这几种测验法来说，传统的教育只是片面地、狭隘地使用了学生成绩测验这一种。其实，对于创业教育来说，性向测验及人格测验更能派上用场。性向是学生尚未表现出来的潜在的能力倾向，性向测验的目的就是通过测量这些潜在的能力倾向，来预测和估计学生在接受训练后，可能在知识和技能方面达到的程度。人格测验就是测量通过教育后，学生在动机、兴趣、态度、情感、信念、价值观等方面发展变化的情况。这两种评价方法用在对学生创业意识的形成及创业心理品质的培养方面效果尤其显著。

（2）观察法。观察法是通过观察学生行为表现及其变化，来评定教学在学生态度、兴趣和思想情感方面发展的成果。它包括许多具体的方法，如，轶事记录法、等级量表法、检核表法等。创业教育的具体教学目标中就涉及情感领域和精神运动领域，学生是否在这些领域中达到了预期的目标，就可以利用这种方法加以衡量。

（3）问卷法。包括态度测量、兴趣测量、个性测量，等等。比如，在开展创业教育过程中，可以对学生的创业意识是否增强进行问卷，以此来检测学生受创业教育后的意识倾向；还可以对学生在创业实践中感到困惑的问题进行问卷分析，以此来查缺补漏，并有针对性地解决不同学生的不同问题等。

（4）评定法。评定法是一种用事先确定好的量表进行评价的方法，而评定量表是根据评定目的编制的一系列评定项目，每一项目都有事先规定好的评分标准。评定量表和测验都是测量工具。测验一般倾向于定量判断，对对象作出数量上的测定；评定法倾向于定性判断，即对对象的价值进行估量。评定法的优点是，能很容易地显示评价的内容和结果，人们可以准确地找到他们需要的信息。评价的结果也易于分析①。

（5）访谈法。对于创业教育来说，主要指教师通过对学生曾经参加过社会实践及创业活动的企业、地区等相关人员的访问、调查，找出社会对学生的看法，从而得出一些评价。

以上谈到的几种评价方法，我们在创业教育中应全面、综合地使用，而不能单一地使用某一种或几种方法，以避免走“应试教育”的老路。各种方法有不同的长处和短处，有特定的使用条件和范围，而且创业教育目标综合性程度较大，相应的个体发展水平的评价涉及的内容和因素也很多，因此，我们还应把定量分析和定性分析结合起来，以防止评价结果以偏概全、以局部代替整体、以非本质掩盖本质的东西，以暂时性的现象取代稳固性的特征。

---

① 田杰．教育测量与教学评价［M］．西安：陕西师范大学出版社，1998：283.

总之，创业教育的评价是多方面的、发展性的、综合的评价。不仅要看学生知识掌握得如何，而且要看是否形成了合理的知识结构，更要看是否掌握了获取和探究知识的程序和方法，是否能够和善于在新的情境下综合性、创造性地运用知识；不仅要看学生认知发展水平，而且要看情意发展水平，更要看心理发展的整体水平，看是否形成了健康的人格和完善的个性；不仅要看学生整体素质水平如何，而且要看学生的社会适应性如何，更要看学生在社会实践活动中是否具有敢于开拓、勇于创新的意识和本领；不仅要看学生今天学得如何，而且要看学生明天发展的潜力，更要看学生走上社会之后是否能够积极参与变革社会的活动，是否具有较强的社会责任感，是否能够成为开创新生活的变革者，等等。

（五）完善创业教育教学模式是基础

1. 采用灵活多样的创业教育实施模式

大学的教育是普通教育的一种高层次教育形式，高校有其自己的教学计划和任务，有其自身的培养目标，那么创业教育应通过何种模式才能有效地在高校运行呢？结合前面论述到创业教育与普通教育的比较，我们发现创业教育不能取代普通教育，而且创业教育不能完全彻底地脱离普通教育。因此，我们认为创业教育在高校的宏观运行可以有以下四种模式：

（1）独立式。就是指单独成为一门学科、一个专业，在这个专业课程设置和课程形式上，按照创业教育的目标，系统的教学内容，固定的教学课时，稳定的开课方式，步骤分明、计划详细、目的明确地有规律地实施创业教育。

（2）渗透式。就是将创业教育的有关因素渗透到高校专业教育的课程框架中，既不打破高校原有的教学计划和秩序，又摄入了创业教育的相关内容，在不影响各专业教学的情况下，将创业意识、创业心理品质、创业能力及知识潜移默化地贯穿其中，在一定的教学时段内部分地实现创业教育的目标和要求，将大学生逐步引向创业之路。

（3）复合式。复合模式，是指创业教育在某一教育领域中与该领域的整体运行结合起来：创业教育的有关目标被纳入某一教育领域的教育教学目标体系框架，并占据相当位置；根据创业教育的目标有计划地设置相关课程，调整教学大纲和计划，综合采用各类教育教学措施以确保目标的实现；教育教学课程较好地贯穿和体现了创业教育的特征和性质；“复合”意味着两种性质、两种状态、两种结构的东西，互相之间舍弃了冲突、矛盾、对立的一面，保留了和谐、统一、同一的一面，形成异中求同基础上的相互结合、相互吸引。

（4）校企合作式。开展校企合作，是高等学校正在探索的办学模式。目前，加强学校与企业的合作，形成新型“产学合作教育”，是高校希望发展的一种育人模式。“产学合作教育”育人模式主要有两大基本特征：其一，校企双方共同制订人才培养方案；其二，利用校企双方的教育资源，营造学校和企业两个育人环境。学校可以与比较有代表性的企业建立良好的合作关系，开展多样化的教学活动，使大学生充分了解企业的运作，亲身感受真正的企业精神，尤其是企业独特的经营理念、价值观、运作规范、企业文化、服务理念、企业风险等。这样就增加了大学生运作企业的实践机会，为大学生创业教育提供更真实的舞台。

以上四种模式各高校可以结合自身特点灵活采用。比如，在理工科为主的大学，可以采用渗透式与校企合作式；在文科为主或师范、政法等大学，可以采用独立式与复合式；在综合类大学，则可以采用复合式与校企合作式；等等。由于各高校发展方向及侧重点各不相同，因此灵活采用创业教育实施模式是创业教育在高校宏观运行的有效途径。

2. 采用启发性创业教育教学模式

创业本身是一个鲜活的过程，创业教育也不能过于木讷。在探索创业教育规律和促使学生有效学习的过程中，都必然存在着学术理论和现实实践之间的冲突，只有通过创业教育教学模式的创新，才能解决教与学的矛盾，实现预期的教育教学目标。为此，我们应当选择灵活、富有启发性的创业教育教学模式。一般来说，采用研究性学习、案例教学和创业演练等基本模式，是确保创业教育目标实现的成功之道。

（1）研究性学习。研究性学习，是指学生在教师指导下，从自然、社会和生活中选择和确定专题进行研究，并在研究过程中主动地获取知识、应用知识、解决问题的学习活动。研究性学习是与接受性学习相对的一个概念。就人的个性发展而言，研究性学习与接受性学习这两种学习方式都是必要的，在人的具体活动中，二者常常相辅相成。强调研究性学习，并不是因为接受性学习不好，而是因为我们过去过多倚重了接受性学习，把接受性学习置于中心，而研究性学习则被完全忽略或退居边缘。强调研究性学习的重要性是想找回研究性学习在素质教育中的应有位置，而非贬低接受性学习的价值。

在创业教育中采取研究性学习模式，主要通过"以创业问题为中心的学习"来实施的。它是以认识和解决某创业问题为主要目的的一种学习活动，它通过调查研究、实验研究、文献研究等手段来建立创业问题意识和发现创业问题。在创业教育中采取研究性学习模式，有利于发展学生的创业探究兴趣，丰富创业学习体验，增进独立思考能力，建立合理的知识结构，养成尊重事实的科学态度，以及养成合作与共享的个性品质，最终促使学生创业素质的发展。

（2）创业案例分析。案例分析在许多课程中都得到了应用。在创业教育中进行创业案例分析，对提高学生学习兴趣，强化参与意识，提高启发程度都有好处，是创业教育不可缺乏的一种教育教学模式。

进行创业案例分析，要注意采用贴近现实、贴近生活，符合省情、市情，不仅有成功案例，也要有失败案例。满足这一要求取决于两方面的努力：一是从事创业教育的教师，一定要投入较大的精力和时间，收集大量的案例素材，并潜下心来，精心选择、去粗取精、去伪存真、系统整理并进行理性评析，以获得典型的教学案例。二是案例研究要尽可能争取企业的支持与配合。现实中，大多数创业企业怕涉及自身的商业秘密和商业利益，配合创业案例研究的热情不高，提供的创业案例素材往往因不够完整、不够详尽而使案例缺乏典型性。这就要求教师发挥主观能动性和创造性，想方设法加强与企业的联系与沟通，尽可能地获得典型的创业案例。

进行创业案例分析，也可以考虑让业界人士即实际的创业者参与教学。例如，通过安排业界人士跟学生座谈，给学生搞讲座，通过他们的创业过程报告形成一个鲜活的案例分析，由于学生与业界人士"零距离"接触，更有利于提高学生的学习兴趣，增强对创业的分析能力。

(3) 创业演练。创业演练是一个模仿创业或尝试创业的学习、体验与参与过程。"在游泳中学习游泳"这是学会学习的真谛。为了培养学生的创业精神与创业能力，学校应创造供学生进行创业演练的机会。

在创业演练过程中，可以让有志创业的人初尝创业活动的酸甜苦辣，在经过一番演练后，去找到最合适自己才能发挥的创业方向与目标，为日后全身心投入创业实践奠定知识与能力的基础。一般来说，创业演练模式主要通过以下途径来实施：

①开展"创业计划竞赛"活动。这是借用风险投资的实际运作模式，要求参赛者组成优势互补的竞赛小组或模拟公司，提出一个具有市场前景的技术产品或者服务，围绕这一产品或服务，以获得"风险投资家的投资"为目的，完成一份完整、具体、深入的商业计划，包括公司的介绍、产品与服务调查、市场分析、竞争营销策略、公司组织结构、人力资源管理以及财务分析等。这是目前国内外大学进行创业教育首选的一种创业演练方式。

②开展发明创造活动，将获得的科技成果申报专利，然后通过技术市场或其他场所进行成果转让，在技术市场进行成果转让，在技术成果转让过程中体验创业滋味。

③试办以学生为主体的小型公司，进行经营活动。这条途径对一般学生来说可望而不可即，但对有创业眼光、创业胆魄、创业能力和创业条件的人来说，这往往是通向成功的金光大道。当然，"自立门户"往往要承担很大的风险。一些大学校园里冒出的学生公司，

正以事实证明这种认识。

3. 开辟丰富多彩的创业教育教学途径

针对我国创业教育中存在的问题，高校要遵循教育发展规律，根据受教育者的身心发展和原有知识水平选择适宜的方法和途径来传授创业教育的教学内容。高校创业教育，就是要教育大学生大胆走向社会，掌握自我创业的方法，展现自我发展的能力以及把被动的就业观念变为主动的创业思维。

（1）设计系统的大学生创业生涯规划。法国的创业教育指出，要确立学员的主体地位，并实施个性化辅导；澳大利亚的创业教育指出，要树立以学生为教育主体的教学思想。这些成功的创业教育经验告诉我们，高校应该根据学生的个体特征，引导他们设计自身的创业生涯。如何正确引导、启发学生对读书成才和创业生涯进行合理规划，这是加强大学生教育管理的一项不容忽视的工作。当代大学生绝大多数有为振兴中华、勤奋读书的雄心壮志，但也有不少同学认为考进了大学可以松口气了，也有的对大学四年如何度过感到茫然等。从大学生成才发展的规律看，青年人最喜欢对未来进行美好的憧憬，特别是当代大学生在读书成才、学业有成的同时，还应对自己的人生事业进行理想的规划。

在知识经济的条件下，大学生创业平台的构建与角逐，需要把握机遇和个体综合素质的竞争。创业生涯的设计是青年人实现理想的重要工程之一，这样可以胸怀大志，立足现实，去有目标地、充满信心地追求和奋斗。创业也是事业成功的载体，设计好自己的创业生涯，可以有助于早日成才。创业生涯的设计必须将自己个人的理想追求与祖国的需要、民族的前途紧密联系起来，在宏观的大系统中进行规划和设计。

同时，设计创业生涯要从实际出发，切实可行，经过自己的拼搏努力能够实现。还应把创业生涯的设计作为一个系统来考虑，既要连续又要递进，各个阶段、各个层次也应有子目标的分解。当然对于大学生，有的是毕业后先就业，以后再创业；有的是先考研，再就业或创业；也有的是边打工边考研，然后再就业；等等，这种设计到毕业前夕还应有所调整，尽量做到与社会需求和经济发展相吻合。

来看这样一个案例。

一个美国小伙子中学时代就立志做一名优秀的商人，他根据自己的创业梦想，经过五个重要的人生阶段和20年的不断努力后，终于成为美国知名的企业家，他就是比尔·拉福。他的成功归功于他的父亲洛克菲勒的指导，他的父亲是集团的一名高级职员，中学时为比尔·拉福量身制定了一个重要的创业生涯规划。最终这个创业生涯设计方案使比尔·拉福功成名就。

中学时代，比尔·拉福就立志经商。他的父亲在他中学时就与他商量制定了创业生涯规划。因此比尔·拉福中学升学时没有像其他人一样直接去读贸易专业，而是考入麻省理工学院，选择了工科中最基础最普通的机械制造专业。

比尔·拉福在麻省理工学院的四年，除了本专业，还广泛接触了其他课程，如，化工、建筑、电子等。大学毕业后，这位小伙子没有立即进入商海而是考进芝加哥大学，开始了为期三年的经济学硕士课程。出人意料的是，获得硕士学位后，他还是没有从事商业活动，而是考了公务员，在政府部门工作了五年。五年的政府工作结束之后，比尔·拉福完全具备了成功商人所需的各种素质，于是辞职下海，去了通用公司。两年后，比尔·拉福已熟练掌握了商情与商务技巧，便婉言谢绝了通用公司的高薪挽留，开办了拉福商贸公司，开始了梦寐以求的商人生涯，实现多年前的计划。20年后，他的公司资产从最初的20万美元发展到2亿美元。

我们来看一下他的创业生涯的规划简图：

第一阶段：工科学习——工学学士

第二阶段：经济学学习——经济学硕士

第三阶段：政府部门工作——锻炼处世能力；建立广泛的人际关系

第四阶段：大公司工作——熟悉商务环境

第五阶段：开公司——事业成功

再来分析一下比尔·拉福的成功经历和他的创业生涯规划。

创业生涯规划第一阶段，工科学习使比尔·拉福掌握了知识技能。因为做商贸必须具备一定的专业知识，在商品贸易中，工业品占绝对多数，不了解产品的性能、生产制造情况，就很难保证在贸易中得到收益。创业生涯规划第二阶段，经济学学习使比尔·拉福掌握了经济学的基本知识，搞清了影响商业活动的众多因素，在知识上已完全具备了经商的素质，这些知识在他后来的商业活动中发挥了举足轻重的作用。在市场经济下，一切经济活动都通过商业活动来实现，不了解经济规律，不学习经济学知识，就很难在商场立足。创业生涯规划第三阶段，政府部门工作为比尔·拉福后来的发展提供大量的信息和便利条件。经商必须有很强的人际交往能力，要想在商业上获得成功，必须深知处世规则，善于与人交往，建立诚信合作关系。在环境的影响下，比尔·拉福由稚嫩的热血青年成长为一名老成、处世不惊的公务员，并结识了各界人士，建立起一套关系网络。创业生涯规划第四阶段，在通用公司进行锻炼，比尔·拉福不仅为实践所学的理论找到了一个强大平台，而且学习到了丰富的管理经验，完成了原始的资本积累。创业生涯规划第五阶段，自办公司，比尔·拉福抓住契机果断决策实现计划，最终获得了成功。20年后，拉福公司的资产从最初的20万美元发展为2亿美元，而比尔·拉福本人也成为一个奇迹。

比尔·拉福的创业生涯设计脉络清晰，步骤合理，充分考虑了个人兴趣、个人素质，并着重职业技能的培养，这种生涯设计在他坚持不懈的努力下，终于变为现实。

从上面这个成功案例，我们可以得出：在对大学生进行创业启蒙教育后，就应引导学生对大学四年的学习生活和未来创业生涯进行设计规划，这是着手培养大学生创业素质的切入点①。

（2）以“挑战杯”各项赛事等课外科技活动形式导入创业教育。美国成功举办了世界上第一个商业计划大赛，借鉴美国成功的

① 董跃进．大学生职业素质培养的前瞻性思考［J］．现代教育科学，2004（1）．

经验，要大力开展大学生课外科技活动。大学生课外科技活动是创业教育的有效途径之一。通过课外科技活动，可以发挥大学生个性发展和综合素质培养方面的育人功能，使学生最大限度地发挥自身爱好、能力和特长，激发出能动性和创造性，实现个性的充分发展。借此还有利于大学生根据自身的特点、优势和能力状况，选择正确的创业目标。同时，还可以使一批批的创业者在竞赛中得到锻炼和成长。因此，为了使学生能尽快掌握创业过程的实质，模拟社会创业的实际，增长创业经验，高校通过开展“创业计划”竞赛活动，导入创业教育。

①“挑战杯”大学生创业计划竞赛。创业计划竞赛起源于美国，又称商业计划竞赛，是风靡全球高校的重要赛事。它借用风险投资的运作模式，要求参赛者组成优势互补的竞赛小组，提出一项具有市场前景的技术、产品或者服务，并围绕这一技术、产品或服务，以获得风险投资为目的，完成一份完整、具体、深入的创业计划。“挑战杯”中国大学生创业计划竞赛先后在清华大学、上海交通大学、浙江大学、厦门大学和山东大学成功举办五届。1998 年，清华大学学生科技创业者协会受国外校园创业计划竞赛活动的启发，首次把创业计划竞赛这一有效的创业教育形式引入我国校园，并在随后的两年中连续成为全国性的大学生竞赛活动，大赛诞生了如“易得方舟”、“视美乐”等学生公司，对推动高校的创业教育发挥了重要的作用。校园内的创业竞赛活动直接产生出一些有生命力的高新技术企业固然是一种可喜的现象，不过在校创业的毕竟是极少数学生，更为重要的成果表现在它激活了学生的创业精神，使其学到了创业知识和技能，得到了锻炼，有利于创业氛围的形成，能使学生的学业、技术创新思维、创业活动、人生目标四个要素相互作用，形成良性循环。

通过竞赛，创业的意识深深根植在参赛者的心中，它对数百万高校学生的影响是广泛深远而前所未有的。创业计划大赛成为学校培养学生创业精神和创新能力的一个重要课堂。

②“挑战杯”全国大学生课外学术科技作品竞赛。它是由共青

团中央、中国科协、教育部、全国学联和高校所在省（市）人民政府主办，国内著名大学和新闻单位联合发起的一项具有导向性、示范性和群众性的全国竞赛活动，被誉为中国大学生科技“奥林匹克”。此项活动旨在全面展示我国高校育人成果，激发广大在校大学生崇尚科学，追求真知，勤奋学习，锐意创新，迎接挑战的热情，培养跨世纪创新人才。“挑战杯”全国大学生课外学术科技作品竞赛每两年举办一届，迄今为止已先后在清华大学、浙江大学、上海交通大学、武汉大学、南京理工大学、重庆大学、西安交通大学、华南理工大学、复旦大学、南开大学等国内著名大学举办过，先后共有200万大学生直接或间接参加了此项赛事。“挑战杯”更是青年大学生课外学术科技成果交流的一场盛会，每届比赛都有近两千件作品参与竞技，科技成果转让额最高突破一亿元人民币。由于这项竞赛活动在较高的层次上展示了我国高校的育人成果，已成为促进科技成果向现实生产力转化的有效方式和培养跨世纪人才的重要途径。随着大学生课外学术科技作品竞赛的发展，无论在竞赛的内涵上，还是在竞赛的水平上都有了长足的发展，引发了全国重点高校开展创业教育的浪潮，也将成为开展创业教育的一个重要途径。

（六）加强创业教育的社会支持是开展创业教育的必要条件

在创业教育中，创业教育的外部环境——社会环境和地区环境等——是教育者无法完全控制和改造的教育影响。当受教育者置身于教育的外部环境中并以此为认知对象时，在教育小环境作用下形成的心理和行为方式必然会在引导、规范受教育者对大环境进行认知的同时，产生较大范围的和较高程度的认知冲突和情意冲突。受教育者从一种“人工”的创业环境进入“自然”的创业环境，从单纯而理想的环境进入复杂而真实的环境，视野立即开阔起来，认知范围迅速扩大，各种性质不同、方向迥异、差异极大的影响物全方位地作用于受教育者，迫使他分析、比较、综合、判断和选择，这一方面对受教育者的心理素质提出了更高要求，另一方面，也对创业教育的外部环境提出了要求，两者之间形成互相作用和反复互动的关系。因此，创业教育要达到预期效果，离不开外部环境，需要全社会的大力支持。

创业的成功取决于创业者自身的素质等内在原因，但外在环境也起到重要的影响作用。至少有三类环境对创业活动产生重大影响。一个是宏观环境，包括国家和国际上政治、经济、技术、法律等环境；第二是地区环境，指创业企业所在地区的区域政策、经济、社会和人文环境等；第三是行业环境，指创业企业所提供的产品或服务所属行业的状况。

1. 宏观环境的建设

政府职能部门、经济政策、技术进步、法律法规等宏观因素无疑对新企业的创办、生存与发展产生重要影响。从创业的制度环境来看，对创业的规定既不能太严又不能太松，也不能静止不动，死水一潭，要本着规范新创企业健康有序发展的原则，不断调整，松紧有度。制度太松，规范不细，容易导致资金、技术以及产品和服务等社会资源的无效或低效配置和浪费，起不到企业为经济增长、科技创新等方面的推进作用。世界各国在鼓励和支持创业的同时，也都在制度、政策等方面进行不同程度的限制，以抑制不良创业对社会资源的浪费。但在另一方面，如果制度过严，比如，审批程序过于烦琐，筹资渠道过于狭窄和苛刻，税、费名目繁多，市场经济秩序和公平竞争环境不好，等等，容易导致企业创办难、生存难，最终伤害创业者积极性，也限制企业在经济增长中的作用。

各个国家和地区都认识到了中小企业在经济和社会发展中的作用，各种有利于创业者创业的宏观环境在各国以不同程度、不同速度、不同方式在诞生，主要表现为：代表中小企业利益的维权机构的建立；有利于资源共享和技术经验交流的各协会的建立；对创办企业的各种支持和优惠政策；对公平竞争的规范和保护；对创业者和中小企业研究的深入；创业指导机构的建立以及指导创业的书籍、报刊的出版发行等。因此，创业者创业前要对新创企业的宏观环境认真评价，起码要对国家有关的基本态度和基本政策研究透彻，充分了解和掌握宏观环境的变化、技术变革等，从中捕捉商业机会，这是创业成功的前提。

2. 地区环境的建设

相对宏观环境而言，地区环境的“小气候”也至关重要，比如，所在地区发展状况、区域优惠政策、人文环境等，直接影响到创业的成败。一个企业对一个地区的贡献包括营业额、员工数量和纳税额，以及对当地产品原材料的需求、客户及员工对当地第三产业的需求等等，企业为地区经济发展作出了贡献，就更容易得到该地区的支持和客户的忠诚，也就更容易赢得有利发展的气候条件。

创业者在创业之前要对地区环境仔细评价，比如，创业者对该地区的熟悉程度、创业者在该地区的影响力、拟创办的企业将在该地区产生的正面与负面影响、是否有地方有影响的政府职能部门或官员对所创企业的支持或否定态度、创业者及其管理团队是否有能力和有明确的实施步骤来加强该地区有关力量对企业的支持和创业机会的最大化、可以采取什么有效的措施能够遏制该地区对拟创办企业的不利因素等环境。

3. 了解行业环境

行业环境决定拟创企业的选项、企业定位、产品定位、营销方式定位、经营管理方式定位以及选用什么样的员工，十分重要，是创业成功与否的关键。而分析行业环境又非常复杂，可以抓住两方面关键性的问题，即行业内的竞争程度及变化趋势和行业所处的生命周期与发展阶段。具体讲有以下几方面问题：第一，对于竞争者，竞争者包括现实的和潜在的。评价竞争者要评价数量、规模和特点，从而判断行业的竞争程度和竞争对手的实力、优势和劣势。评价的方式是动态的，判断竞争者各种因素随时间推移而发生方式的改变、竞争激烈程度的变化等等，而且变化可能是单一地发生，也可能几种因素同时发生。第二，对于客户，评价客户主要是数量、特点和态度。客户数量标志企业产品或服务的竞争力和市场占有率，是企业的生命线；客户的特点决定企业营销和竞争的方式，有个体客户、团体客户、中间商、最终消费者，等等；客户的态度决定创业者进入这个行业参加竞争的难易度。了解客户，争取客户，是企业经营管理的最终目标。第三，对于供应商，供应商向行业内的企业提供原材料、零部件等投入性资源，直接影响企业的成本，最终决定收益。创业者要评价所在行业提供产品和服务的供应商的数量、特点和态度。数量多少决定供应商的垄断性和在商务谈判中应该处的地位；特点和态度关系到原材料的稳定性和融洽程度。第四，市场规模，行业由产品和服务组成，而任何产品都要经历一个从出生、成长、成熟到衰退的生命周期。选择创业行业，要选准具备一定市场规模的产品和服务。了解该产品过去的市场规模，可以判断该行业是处在快速、平衡的状态还是衰退的状态，从而决定开发什么样的新产品，以引起更快的市场增长，争取商业机会。第五，行业的稳定性，企业往往受国家经济形势影响很大，而国家经济发展往往出现周期性的波动，为降低企业受宏观经济环境的影响，增强企业抗干扰能力和稳定性，创业者要对行业的稳定性进行评价，提前预防，确保企业稳定、健康发展。第六，行业成功因素，产品、技术和市场创新、政府政策、市场需求、消费者生活方式等因素都是成功的因素，考察成功经验和失败教训，借前车之鉴，少走弯路，是新创企业后来居上的先天条件，创业者应该认真评价，深入分析，虚心吸取。

4. 企业孵化器建设

企业孵化器（Business incubator）概念是由美国的乔·曼库索于1959年首次提出，全世界第一个孵化器是1959年在美国纽约的Batavia建立的。我国的企业孵化器起步于20世纪80年代，1987年，中国第一家企业孵化器在湖北武汉东湖创业中心建立，目前全国有200多家。

（1）小企业孵化器（孵化中心）。孵化器，就是为一些创业者提供一个得以破壳而出的温暖的“窝”，它一般由科技创业服务中心管理，在企业起步时，给予较为优惠的信息政策，良好的信息环境、技术环境、资本环境、人才环境和市场环境，扶持和培育创业者成长。创业者创业之初通常只有技术和项目，缺乏办公条件、资金、担保，困难重重，往往求助无门。孵化器就是为创业者服务，为创业者尽可能地提供创业支持。进入创业孵化器或孵化中心是走向创业的重要一步。孵化器既是开展创业的教育培训者，也是实际创业的直接支持者。进入孵化器的企业可以是各行各业，但一般是有高技术属性的技术和产品，有成长性，有市场前景。

（2）高新技术创业服务中心。高新技术创业服务中心，创建于20世纪80年代末。加速高新技术创业中心建设，以加速科技成果转化和高新技术产业的培育，科技部将从四个方面来进行：

①进一步营造有利于科技创业中心发展的环境条件，重点抓好鼓励科技企业、支持创业中心发展的政策措施的落实。

②高技术创业服务体系的建设。在做好全国总体规划的基础上，鼓励有条件的市县兴办各具特色的企业孵化器，并促进技术交易市场、专利事务所、创业投资公司、无形资产评估机构与科技创业中心联系网络，稳步推进创业中心的改革。

③多元化发展。加快专业技术孵化器、大学孵化器和留学人员创业园的建设。鼓励有条件的大学、研究所创办企业孵化器，吸引大学教师、学生和留学人员创办高新技术企业。鼓励创业中心与大学、企业、科研机构合作，组建专业特色更强的企业孵化器。

④加强培训和理论研究，提高管理队伍水平。今后将使科技创业中心管理人员90%以上具有大学本科以上学历，50%以上的人员熟练掌握计算机和一门外语，并受过企业孵化器的专业培训。同时，促进创业中心的国际化发展，使我国科技创业中心与世界各国科学园区、科技企业孵化器有着相同和相似的功能，推动我国科技创新和管理水平跟上国际科技产业化最新发展趋势。

（3）留学人员创业园区。1994年，我国第一个留学人员创业园——金陵海外学子科技工业园在南京成立。

创业园类型多种多样，按创办部门划分，大体可以分为：中央部门和地方政府联合推动和支持创办的；地方政府支持创办的；高新技术开发区创办的；大学、民间科技机构和当地基层政府合作创办的。

按机构及其运作方式划分，可以分为：事业机构行政化运作的；事业机构企业化运作的；国有高新技术企业性质的；民营企业性质的。各园区的政策措施大致相同，主要是减免地方税。一般采取“免二减三”或“免三减三”；房租优惠，给予低价租用，有的创业园甚至一定期限内全免租金，提供注册、公用设施和生活等各类综合服务；提供贷款担保，有的还提供小额创业基金支持；积极宣传，热情接待，组织联谊活动，开展学习培训，有的还到国外联系洽谈，来访迎送。

大多数创业园具有以下功能：服务功能，是专门为留学人员回国创业提供各种服务的机构；管理功能，一定程度上担负着留学人员企业的管理机构的职能；孵化功能，是培育留学人员高新技术企业的孵化基地，企业达到较大规模后一般到创业园以外继续发展；凝聚功能，一定程度上起到凝聚优秀科技人才的作用，犹如留学人员回国创业的家园。

目前，已经建立的创业园大多呈现良好发展势头，创业环境日益改善，入园创办企业的留学人员越来越多，园内企业大多蒸蒸日上。但也有个别创业园经受了挫折，遇到了困难。由于各地举办留学人员创业园的积极性较高，创业园的数量不断增加，科技部、人事部、教育部和国家外国专家局共同设立留学人员创业园示范园区，目的是通过示范园区建设，总结经验，完善制度，树立典型，进一步推动留学人员创业园发展。大学科技园正在创造条件，逐步发展成为留学人员回国创业的一类重要基地，有其独特的优势和潜力。目前，留学人员创业园大多设在开发区，而且较多是在创业中心基础上建立的。但他们很需要人事、教育部门的支持。

（4）大学生创业企业孵化器。大学生创业企业孵化器为高校教授兼顾教育、科研、开发三不误提供了方便，也为大学生创业提供了方便，同时加快了高校科技成果向产业的转化。上海交大创建的硅谷科技孵化基地，已为近百个高科技企业服务，其中30%是交大教师和学生创办的企业。这些企业全部孵化成功，可充分发挥高校在智力资源、信息、资源和开发研究方面的优势，促进技术创新跃上更高层次。

5. 颁布实施有关的法律法规

前面谈到，美国、德国、法国等先进国家的创业教育都是以立法为前提，只是美国在鼓励和支持创业的法律法规就十余部。我们国家关于创业的法律法规从改革开放之初开始逐步设立和实施，从1988年4月，全国人大通过的宪法修正案增加了“国家允许私营经济在法律规定的范围内存在和发展”的内容，到1992年以后公布实施的《乡镇企业法》、《公司法》、《企业法》、《合同法》、《银行法》、《个人独资企业法》、《关于科技型中小企业技术创新基金的暂行规定》等一系列推动创业的法律法规。这些法律法规的制定和实施，对于引导、推动和规范新创企业健康快速发展起到十分重要的作用。但是，与先进国家相比，还有很大差距，还要从政策引导、环境营造、标准生产以及规范服务等方方面面加强立法，严格执法，确保创业者创业有法可依，健康稳定发展。

6. 设立国家、省、地、县各级创业基金

创业基金也称风险基金的设立，给有创业基础者提供了经济上的保障。创业基金是按照共同投资、共享收益、共担风险的原则，运用现代信托关系的机制，以基金的方式将各个投资者分散的资金集中起来，交由投资专家运作和管理，主要投资于那些尚未具备上市资格的新企业（尤其是新兴高科技企业），通过被投资企业的高速成长和资本增值来获取投资收益的一种特殊投资基金。所以，也戏称创业基金为“天使基金”。

科技部颁布实施的《关于科技型中小企业技术创新基金的暂行规定》中规定，科技型中小企业技术创新基金是经国务院批准设立，用于支持科技型中小企业技术创新的政府专项基金。通过拨款资助、贷款贴息和资本金投入等方式扶持和引导对科技型中小企业技术创新活动，促进科技成果的转化，培育一批具有中国特色的科技型中小企业，加快高新技术产业化进程，必将对我国产业和产品结构整体优化，扩大内需，创造新的就业机会，带动和促进国民经济健康、稳定、快速地发展等起到积极的作用。

科技型中小企业技术创新基金作为中央政府的专项基金，将按照市场经济的客观规律进行运作，扶持各种所有制类型的科技型中小企业，并有效地吸引地方政府、企业、风险投资机构和金融机构对科技型中小企业进行投资，逐步推动建立起符合市场经济客观规律的高新技术产业化投资机制，从而进一步优化科技投资资源，营造有利于科技型中小企业创新和发展的良好环境。

近几年来，随着市场经济的不断发展和完善，特别是中国加入WTO，进入国际市场以后，国际国内投资者纷纷看好中国市场，加上国家、省、地、县等各级企业孵化器的建立，创业基金按照市场规律进入良性循环，得到了有效的回报，未来的创业基金将不断发展壮大，创业者将减少因短缺资金给创业带来的困境，创业企业将不断涌现。

7. 加强创业教育社会舆论营造力度

理论来源于实践，实践离不开理论的指导。尽管创业教育在中国一些高校和地区有所提倡和发展，但仍然处于一种试验示范的、模仿的、零散的、非理性的状态，无论从研究的经费、人力，还是政策导向、法律规范都远远不够，美国等发达国家已经经过近30年的发展完善，我们国家刚刚于2002年5月开始在大学进行正式试点。

对于创业教育的社会舆论氛围也远远不够，个体私营经济刚刚被列入“先进生产力的代表”逐渐取得合法地位，以往的私营经济作为个体户几乎与弱势群体、被约束管制对象画等号，国家宣传的主基调是国有企业、集体企业以及发展壮大了的民族工业，而个体新创的小企业好像还不值得宣传，或者只从下岗职工再就业的角度予以宣传，而创业对经济增长、社会就业、科技创新与转化、个人价值实现等重要意义以及鼓励所有人以个体创业为荣的角度极少宣传。学校教育、家长观念也都受其影响，认为受正规教育的学生应该是国家机关、国有企事业单位的“吃皇粮”的，“端铁饭碗”的，个人创业似乎是“不务正业”或者“正业的失意者”，严重动摇了创业者的创业信心。

这对于一个关系到经济、社会和个人发展的，直接服务于现实需要的教育领域，迟迟得不到理论界的关注，社会公众舆论的认可，实在是一件特殊而不可理解的事情。应该引起有关理论界、有关政府职能部门以及教育实践领域的高度重视，应该加大研究力度，采取有效措施，营造社会氛围，形成创业教育理论研究的热潮，推动创业教育实践的理性、规范、快速发展。

总之，创业教育的社会支持是创业教育成功的必要条件。创业及创业教育的成功，不单单是教育部门的事，还需要国家、社会、政府通过政策、资金、法律、法规和舆论等的广泛支持来实现。

（七）创业教育实践基地的构建是开展创业教育的重点

创业教育实践基地是围绕对学生进行创业教育而建立起来的具有示范和辐射功能的高水平的人才培养的硬件环境或载体。由校内模拟现场的训练到校外的顶岗实习等方式进行。每个环节都渗透着企业的基本特征和综合要求，在这里学生不仅获得了实际工作经验，而且还培养和提高了群体沟通、团结协作、组织管理等个人综合能力。创业教育实践基地建设的目标与我国1998年公布的《关于深化教育改革，全面推进素质教育的决定》中提出的“高等教育要重视培养大学生的创新能力、实践能力和创业精神”的总体思想是一致的。大学生的“创新能力”、“实践能力”和“创业精神”的密切结合达到统一是创业教育追求的目标，也就是说创业教育不是空洞地进行理论说教，创业教育已经从认识、理念阶段发展到今天的行动过程阶段、探讨创业教育的开展途径阶段。这个阶段不能脱离实践。创业教育实践基地的建设就实践依据来说，长期的素质教育所积累的丰富的实践基地建设的成果是其能够建立的实践基础；而建构主义理论的观点可以成为其建立的理论基础。建构主义理论对学习的解释是：学习是建构在心理表征的过程，学习者并不是把知识从外界搬进记忆中，而是以已有的经验为基础通过与外部的相互作用来获得建构新知识的过程，知识不是教师传授获得的，而是学习者在一定情景即社会文化背景下，借助他人（如教师和同学）的协作和帮助，利用必要的学习资料（如文字、图像、实物、网络等媒体），通过一一建构的方式主动建构事物的性质、规律，建构主义理论是对传统认识论的挑战，是实施创业教育、建立创业教育实践基地的一个重要理论依据。它在知识、课程、教学、评价等方面都与现代生产实践活动、人类社会活动相适应，并积极影响学校的整个教学活动。可见建构主义理论的认知方式为创业教育实践基地的建立提供了理论基础。它给我们的启示是建立创业教育实践基地对学生的创新精神和实践能力培养起到了积极的促进作用。

1. 创业教育实践基地的功能

创业教育实践基地建设对创业教育的开展，对学生的发展，对教师队伍建设，对社会与高校创业人才的沟通都有其特殊意义。

（1）对课程而言，创业教育既强调创业意识，创业精神的培养，又注重创业综合素质的提高，也着重于创业操作能力的拓展，这些课程目标的实现，不是单纯的理论教学能够高效完成，需要借助实践，以使学生跳出单纯求知、被动适应的圈子，真正学以致用。所以，从课程意义上说，创业教育实践基地是沟通理论教学与实践的媒介。

（2）对学生而言，创业教育实践基地是培养学生创业实践能力的平台。一方面，通过大量知识的掌握、案例学习和模拟创业过程的参与，使学生开阔视野，达到启迪创业意识的目的；另一方面，依托实践基地，通过开展创业计划大赛等创业活动，使学生在创新设计能力、实践动手能力和团结协作精神等方面得到了很好的锻炼和提高。

（3）对师资队伍建设而言，创业教育实践基地是培养专家型教师队伍的平台。在实践基地的建设管理和参与按企业化运作的组织管理中，教师可不断掌握新的技术，了解国内外科技动态，开阔眼界，转变观念和更新知识，达到教学相长的效果，在实践中提高素质，成长为专家型教师。

（4）就社会与人才沟通而言，创业教育实践基地可通过组织学生进行多种创业活动来接触社会，了解社会。通过创业教育实践基地，搭建科技成果与社会风险投资、企业家之间的桥梁，实现科技成果的尽快孵化。

总之，创业教育实践基地在学校课堂教学的延伸、学生掌握简单生产过程的基本原理和一般的生产技能，并能实际操作、谋求自我、社会与自然和谐发展的空间等方面都有着不可替代的作用。

2. 创业教育实践基地的特点

创业教育实践基地的建设要有自己的特色，要基于其他学科的相关经验，还要高于其他学科。

（1）创新性。即高起点，高定位，为高科技拔尖人才提供科技源泉与技术研发基地。高校可依托实践基地，成立大学科技园。大学科技园不仅仅为了支持和促进校内高科技成果转化和培养创业人才，更为重要的是，通过科技园建设，可带动地方企业的技术创新，提升区域经济的技术水平，从而带动地方经济的快速发展。并将大学科技园和创业实践基地、高新技术孵化器有机结合。

（2）实践性。即通过实践基地组织的各项活动和创业实践为培养学生的科研能力、动手实践能力、创业设计能力和团结协作精神等，提供实验条件和实践活动，也为学生科技发明和创意物化为生产力，提供实践指导和帮助。

（3）综合性。即集教育、学生、教学、科研和生产多项结合的、多方受益的实践教学体系。创业教育实践基地的重要任务之一仍然是普遍提高大学生的创业意识、创业精神和创业实践能力；其二是进行创业教育和创业实践的科研开发；其三是进行创业实践活动、教学的管理、教师队伍建设等；其四是和社会的沟通，体现了综合性的特征。

（4）开放性。即打破实践教学成为理论课的附属品的弊端，将创业教育实践基地开放，接纳多学科的学生，使实践内容达到相互交叉、融合、渗透，促进学生综合能力的培养。

（5）创业性。即体现创业教育的核心思想——培养学生的创业精神和创业能力。在学校教育资源的基础上，借助社会力量，通过融资等手段，为学生的在校创业和模拟创业搭建平台。

（6）仿真性。即主要以培养学生创业实践能力和创业素质为主线，实现真实或仿真的创业职业环境。比如，可以设置模拟职场、模拟竞聘、模拟公司等，为学生顺利就业、创业提高职业素质奠定坚实的基础，为学生的高科技创新提供条件。

(7) 科研性。科研工作是高校的一项重要工作，是提升办学品位、树立学校良好形象和增强学校办学实力不可缺少的因素。创业教育实践基地广为科研提供场地、仪器设备等条件。再由于创业教育实践基地具有仿真性，它可以为科学研究提供生产基地，极大地带动教学科研工作。

3. 创业教育实践基地建设的基本原则

创业教育实践基地是在学校资源的基础上，借助社会力量，实现校企合作办学、学生模拟创业、学生自主创业等的有效手段。因此，创业教育实践基地的建设必须要以充分调动校内外教学资源为基础，以提高教学质量，实现学生的创业能力的提高，创业精神的养成为目的，突出教学、创业、生产三结合的原则，力争在教学的同时，帮助学生获得创业素质的提高。基地建设还要突出其先进性、创业性和综合性的特点，面对新世纪的要求和社会的挑战，基地建设必须注意与科学技术的发展保持同步或有所超前，努力营造有着浓厚的创业环境的氛围。基地建设必须突出以人为本的原则。一是要以有着丰富的创业经验或经历的创业教育专家队伍为主，采用调整、提高、补充等多种形式建设好这支队伍，不断根据形势需要，用有力的政策措施稳定这支队伍。二是在基地建设中确立以学生为中心的思想，即基地的建设要充分考虑学生的学习和发展，考虑学生创业素质的培养以及创业能力的提高，紧紧围绕学生创业和创业教育的需要。三是在基地建设中还要考虑科研效益。

4. 创业教育实践基地建设的基本要求

(1) 领导要重视，机构要健全，要设专人负责基地建设工作。创业教育实践活动为学生提供了初始的创业体验，它对一个人创业观念的形成有极大的影响。而创业教育实践基地是有组织地、稳定地发展创业教育的好举措。对高校来说要改变观念，从培养高素质人才的战略高度来认识实践基地建设，重视创业教育实践基地的建设。

（2）投入建设。国内教育的主管机构已开始重视创业教育活动的开展，而一些企业为了自身形象和利益也乐于为创业教育投资。高校自身也要从课程建设和人才培养的角度出发对创业教育进行投资、筹资建设。通过走校企之间、兄弟院校之间和校内各单位之间的合作共建之路，实现创业教育的社会化，达到高校和社会的资源共享，利益互补，实现学生创业教育的培养目标。

（3）基地要紧紧地围绕着创业教育的培养目标，根据学生特点以及基地资源情况，构建既符合教育规律、学生情况，又适应社会发展和企业要求的基地建设的基本框架。

（4）基地应具备满足相当数量学生实践需要的条件，包括提供必要的场地和科研场所；基地（特别是校外基地）应具有一定的设计、制造、开发、经营的规模，能体现行业的特点；还要有较先进的技术管理水平，对学生的创业活动给予必要的组织、指导和管理。

（5）建立科学化管理的规章制度。科学、合理的规章制度是创业教育实践基地得以正常运转的保障。

5. 创业教育实践基地的类型

教育、教学实践基地的建设一般以地理位置来划分，也有其他标准的划分方法。借鉴其他教育、教学实践基地的划分方法，也为了操作起来比较简易可行，根据位置，创业教育实践基地一般分为校内实践基地和校外实践基地。

（1）校内实践基地。校内实践基地建设可依托校内创业教育研究或管理机构（如创业教育研究中心），通过实验室建设的方式来实现。校内实践基地建设要具有以下条件：

第一，有创业实践教学要求的硬件设施，如，计算机硬件实验室的仪器设备，模拟创业的硬件设施，大学科技园，科技孵化器等。

第二，有符合创业教育实践教学要求的相关软件资源，如，模拟创业的材料，案例教学的庞大资源库和开发建立网络系统等。

第三，配备相应的专、兼职的有丰富的创业和创业教育经验的实践指导教师。

第四，有完备的实践活动管理制度。

第五，有规范的实践活动运作流程。

第六，有相应的创业基金为学生创业和进行创业教育提供资金支持。

（2）校外实践基地。校外实践基地是学生进行创业模拟训练、生产实习和毕业实习的主要场所。建立稳定的、长期的校外实践基地可以确保学生生产实习和毕业实习的需要，为创业、就业训练提供有力的保障。一方面学生在生产企业中进行实习锻炼，既培养了学生团结协作、刻苦耐劳的精神和社会适应能力，又了解、掌握了现代企业的生产工艺、生产技术和管理技术，是学生进行社会调查，参与创业实践活动的根据地。另一方面，企业通过对学生的长时间的考察、了解，也有利于企业招聘到企业需要的德才兼备的创业型人才。

校外创业教育实践基地要严格遴选。校外创业教育实践基地最好的形式是走校企联合之路，通过聘请企业专家担任基地顾问、兼职教授，为学生作学术报告、专题培训、专家讲课、指导学生的创业计划、实习计划等举措，提高学生对社会的认知能力。企业既可以作为学院的实习、实训场所，又可以和企业经济实体相配套，把生产实践和科学研究引进教学过程，学生在这里不仅可以从事各种基本操作、基本技能的训练，直接掌握成熟的应用技术和前沿技术，还可以自创、自选科研课题或生产性设计。这样，不仅丰富了教学内容，提高了能力，还缩短了学生和社会之间的距离。校外实践基地的选择要考虑以下条件：

第一，教学实践基地的领导素质精良，关心教育，重视与高校实践教学的合作。

第二，实践基地有一批经验丰富、关心教育的专业人才。具有较强的科研和生产能力，有稳定的产品或项目，且市场环境良好。

第三，具有独立法人资格的企业或相关科研院所，在本地区同行中具有一定规模和影响，实力雄厚，发展前景好。

第四，最好通过 ISO 9000 或 CMM 三级以上认证。

第五，能够接受一定数量的学生进行工程实践或实习，并提供硬件设备和环境，配备实践开发经验丰富的工程技术人员对学生进行指导。

第六，能够提供直接来源于实际项目，或具有明确的应用背景和实际应用价值，或具有一定的社会、经济效益的课题供学生选用。

综上所述，创业教育在我国高校的普遍实施已呈必然趋势。适应这一趋势的发展，高校要走改革之路，从观念、教学理念、课程体系、师资队伍和实践基地的建设等方面进行全面的改革，这是我国高校在国际竞争中生存、发展的需要，更是学生未来生存和发展以及社会发展的需要。

在社会主义市场经济条件下，创业既是社会、经济发展的源泉和动力，也是劳动者个人生存和实现自我价值的重要途径，而培养劳动者创业精神、开发其创业能力的历史重任就责无旁贷地落在创业教育身上。通过对国内外经济、社会发展的翔实资料的分析，可以得出的基本结论是：创业是经济发展的源动力，是促进和增加就业的最积极有效方式，并可以加速技术创新和科研成果转化为现实生产力。同时，创业的成功是人的自身价值的最高体现。因而，发展创业教育是教育主动适应经济社会和人的发展需要的现实选择。

创业教育作为独立和专门的理论虽然在国内外开始的时间不长，但其实践活动早已开始，通过追溯创业教育活动在国内外的发展脉络，可以看出创业教育发展的规律和历史必然性。但无论是国际还是国内，创业教育研究的理论和实践都还需要进一步探讨和完善。

第六章　大学创业教育典型案例[1]

一、百森商学院

百森商学院（Babson College），位于美国东海岸城市波士顿以西20公里，规模不算太大。学院开设本科、MBA和专业性的硕士学位教育，并向全球企业管理人员提供高层经理研修课程。自1919年成立以来，该校始终是创业学领域的领导者，并以创业教育方面的特色与专长为世界所公认。

（一）百森的全球创业教育领导地位

百森商学院是全球高等教育领域当之无愧的创业管理教育的领导者。

首先，百森在本科和研究生教育上，连续获得排名第一，超过哈佛大学、斯坦福大学等，具体排名有《美国新闻与世界报道》（*U. S. News World Report*）：

MBA课程连续14年获得创业管理教育的第一位（1994—2007）；

2006年，本科课程在创业领域第十四次排名第一；

2006年，本科课程在"最好的商业课程"类别中排名第二十三。

《金融时报》（*Financial Times*）：

---

① 摘自李莉丽，龙希利．我国大学生创业教育运行机制研究［M］．济南：山东大学出版社，2009.

2006 年、2007 年，创业管理教育连续两年排名第一；

2006 年，MBA 课程在创业领域排名第一，在 2005 年和 2004 年分别排名第二和第三；

2007 年，高层经理研修课程列全球第六位。

其次，自创立以来，百森在推动全球创业教育与研究的发展方面作出了卓越贡献。百森有 40 余名创业学方向的研究和教育专家。代表人物杰弗里·蒂蒙斯（Jeffry Timmons）教授是全球创业研究和教育的开拓者之一，是美国创业教育和研究的领袖人物；他在其研究领域、创新性课程开发及有关创业、新企业、企业融资和风险投资方面的授课被全世界公认为权威，获得“他能把他所教授的东西付诸实践”的赞誉。30 多年来，他一直积极投身于创业活动中，他是几家私营企业与投资基金的投资者、董事或顾问，包括设立于波斯顿、新罕布什尔州、缅因州的第一手机公司、波斯顿通信集团、BCI 顾问公司、互联网证券公司等。布兰克创业中心（Arthur M. Blank Center for Entrepreneurship）是学院创业活动的中枢，通过不断改善教学、研究和相关活动来领导全球性的创业教育，从而在社会上传播创业思想，激发创业精神，指导创业活动。

（二）百森创业教育的特点

1. 教育理念的战略性

任何一种教育创新活动，都可以说是社会环境变革的产物。百森商学院在美国首开创业教育先河，与当时的美国经济结构形态的变革有关。对于这种变革，许多人视而不见，见而不究，更不会以前瞻性的视角联想到教育创新。然而，以蒂蒙斯教授为代表的远见卓识者，敏锐地预感到 20 世纪 60 年代后期的美国正处在一场“静悄悄的大变革”中。他还认为这种变革对 21 世纪的影响将等同于或超过 19 世纪和 20 世纪的工业革命。蒂蒙斯所预感的“静悄悄的大变革”，指的是“创业一代的兴起与传统产业的衰退”。蒂蒙斯的预感不仅很快成为现实，而且被许多研究者所证实。麻省理工学院的大卫·伯戌（David Birch）在 1979 年发表了颇具创新性的论文《工作创造过程》（*The Job Creation Process*），提供了具有划时代意义的研究成果。他的研究成果推翻了以前认为大型企业是经济支柱和新就业机会提供者的各种说法。他的结论是：从 1969 年到 1976 年，大量的新成长的中小企业创造了美国经济中 81.5% 的新就业机会。1980 年以后，美国超过 95% 的财富都是由大变革中的创业一代创造的，其中，最著名的代表人物是微软公司的比尔·盖茨。

刚走过的 30 多年旅程充分证明：美国的确发生了一场“静悄悄的大变革”，即蒂蒙斯所谓的“创业革命”。蒂蒙斯的前瞻性不仅预见了这场变革，而且悟出了“创业教育”的新思路。当绝大多数高校还致力于为大企业提供人力资源时，蒂蒙斯便独具匠心地在百森商学院开始尝试创业教育，培养适应创业革命需要的创业型人才。

百森商学院创业教育的前瞻性特点，不只是一个时间上的概念，从教育理念上看，这种前瞻性还体现在它对创业教育价值取向的选择上。在百森商学院开展创业教育之初，许多人认为这种教育的价值在于“企业家速成”，即帮助学生在校期间就能创办公司，成为大大小小的比尔·盖茨式的创业企业家。蒂蒙斯认为，这种功利主义的创业教育，是在用“揠苗助长”的方式造就所谓的创业者，无法满足以创立高新技术产业为标志的“创业革命”对人力资源的需要。在他看来，学校的创业教育不同于社会上的以解决生存问题为目的的就业培训，也不是一种“企业家速成教育”。真正意义上的创业教育，应当着眼于“为未来的几代人设定‘创业遗传代码’，以造就最具革命性的创业一代作为其基本价值取向”。蒂蒙斯的这种前瞻性的创业教育理念，实质上是一种面向“创业革命”开发人力资源的教育创新。

1989 年 11 月，联合国教科文组织在北京召开“面向 21 世纪教育国际研讨会”。会议提出 21 世纪的教育应发给学生三本“教育护照”的新观点：第一本是“学术护照”；第二本是“职业护照”；第三本是证明一个人的事业心和开拓能力的“创业护照”。显然，百森商学院的创业教育理念与联合国教科文组织提出的“第三本教育护照”观是一致的。

2. 课程结构的整合性

创业教育，在百森商学院看来，既是一种教育理念，也是一种教育实践。他们以战略性的创业教育理念指导具体的教育改革活动，并以开创性的创业教育课程体系作为改革实践的核心成果。学习和借鉴“百森经验”，应了解该校的创业教育课程结构的特点。

在建构创业教育课程结构时，百森商学院把适应未来创业需要的创业意识、创业个性特质、创业核心能力等“创业遗传代码”和有关创业的社会知识进行了整合，将科学教育与人文教育、智力教育与非智力教育进行了整合。这种具有整合性的课程结构，有利于使学习者置身于创业的社会经济与人文的大背景中，引导学生关注与创业相关的一些经济问题、社会问题或其他问题。百森商学院在课程整合理论指导下建构的“创业学”课程体系，被誉为美国高校创业教育课程化的基本范式。该课程体系由以下五大模块构成：

（1）创业者。教学内容为阐述创业者应具有的基本素质，分析创业团队在成功创建风险企业中的重要作用，以及创业者们应当如何处理在组建新型风险团队时会遇到的关键性问题和障碍。课程目标是使学生明白作为创业者所应具有的个性品质，了解一些创业过程中关键性问题的解决方法。

（2）战略与商业机会。教学内容为阐述发现和挑选创业机会的过程，说明什么样的机会能够促成高发展潜力企业的创建，如何充分发掘自己的创造性才智，如何制订个人创业计划，如何模仿成功创业者的行动、态度、习惯和战略。课程目标是培养学生的创业意识，能及时地抓到创业机遇和挖掘创业潜能。

（3）资源需求与商业计划。课程内容为阐述成功创业者如何制订商业计划、寻找资金来源、发展战略联盟、获得商业运营许可证等创业知识。课程目标是使学生初步懂得创业前要获得的创业知识。

（4）创业企业融资。课程内容为阐述新企业融资的各种关键问题，债务资本市场的新现实情况；如何部署融资和筹资战略；如何寻找股权投资者并与其打交道；如何在资本市场中获取债务融资源等。课程目标是使学生了解到创业过程中有关融资方面的基础知识和方法。

(5) 快速成长。课程内容为阐述新建的风险企业在成长过程中会遇到的具体问题和危机，解释风险企业所经历的发展阶段及其独特性、避免及摆脱困境的方法、创业型风险企业在领导和管理上的突破性方法的特征。课程目标是使学生在创业过程中能遵循创业自身的发展规律，灵活把握不确定因素。

3. 教学方式的探究性

在众多的教学方式中，课堂教学是学校教学最基本的方式，也是使学生在较短的时间内，能有系统、有重点地学习人类丰富知识体系的一种比较经济、有效的途径。百森商学院在落实创业教育理念的实践中，同样注重课堂教学。但是，他们清醒地认识到，并不是任何一种课堂教学方式或课堂环境都有利于创业教育。他们认为，采用传承性教学方式，很难高效地实现创业教育的目标，而采用探究性教学方式，则有利于为受教育者“设定创业遗传代码”，造就“最具革命性的创业一代”。

所谓探究性教学方式，是指在课堂教学的生态环境中，让受教育的学生成为一种主体要素，在与教师、教学内容以及教室环境等生态要素的协调作用中，成为教学过程的参与者和探究者。采用这种教学方式，有利于形成强化学生主体意识和发挥主观能动作用的创业教育环境。传统的传承性教学方式以教材为本，以教师为中心，而新的探究性教学方式从创业教育理念出发，强调教师、学生与媒介等因素的整合。在这种整合中，课堂变成一种动态的、生长性的“教学生态环境”，教学变成各教学要素相互之间持续互动的动态过程。

(1) 通过案例教学实现探究性。创业本身是一个鲜活的过程，创业教育的课程教学内容也不能过于呆板。百森商学院在设计课程教学内容时，以现实创业社会的状况作为切入点，自始至终把典型案例分析贯彻在整个教学过程之中，帮助学生从典型案例中感悟创业理念，理解创业规律，从案例思考中激发学习兴趣，培养思辨能力。在选择案例时，他们既选择创业成功的案例，也选择创业失败的案例。通过对精心选择的案例的分析，不仅增加了教学的鲜活性，而且培养了学生探究问题的兴趣与分析问题的能力。

（2）通过智力激励实现探究性。在教学中，百森商学院的教授根据奥斯本智力激励理论实施智力激励教学，让学生在激励环境中解放思想，大胆探究。所谓智力激励，有两层含义：一是给予大脑多方面的信息刺激，相互填补知识空隙，相互激励和诱发，产生智力碰撞的连锁反应，促进大脑把有关知识和所得信息围绕着要解决的问题重新整合，从而产生新的设想。二是能够造成一种鼓励个体大胆思维和提出新设想的氛围，克服胆怯、倦怠、从众性等阻碍探究的心理因素。在智力激励教学中，百森商学院的教授们采取以问题为中心的激智方式，让学生围绕创业过程中有可能出现的一系列问题，如，在现实创业中怎样有效地进行商业交流与公共交往？怎样提高在创业过程中精确分析和作出正确判断的能力？怎样激发创业个体与创业团队的创造潜能？怎样利用各种有效资源和制订商业计划？等等，展开自由畅谈和思维互激。其目的是造成一种高度激励的学习与探究氛围，使学生能突破层层思维障碍和心理约束，让思维自由飞腾，充分激活学生的灵感，从而建立一个充满激情、热情高涨的探究性课堂。为此，百森商学院采用了奥斯本智力激励理论提出的自由思考、延迟评判、以量求质和结合改善等基本原则。

（3）通过“虚拟创业”实现探究性。为了让学生对创业有所体验，百森商学院在课程教学过程中增设了“虚拟创业”教学环节。他们想方设法安排学生深入创业企业去观摩或实习，也鼓励学生带着他们预制的创业方案到企业去检验可操作性，甚至还可以在某个创业岗位上练练手，从中获得一些创业理论与实践上的经验。这种在“虚拟创业”过程中探究所得的创业体验，可以潜移默化地增强学生的创业意识和提高创业所需要的观察能力、思维能力与判断能力。

百森商学院以其前瞻的教育理念、系统的课程设计和有效的教学方式走在创业教育的前沿。百森商学院创业教育理念的前瞻性，在于它悟出了“创业教育”的新思路，着眼于培养适应创业革命需要的创业型人才。真正的创业教育不是“企业家速成教育”，而是为未来的几代人设定“创业遗传代码”，以造就最具革命性的创业一代作为其基本价值取向。百森创业教育系统化的课程设计，保证了创业教育理念的落实。课程内容采用了模块化的结构，通过分析综合、比较研究的方法，把一个个成功创业者所需具备的意识、个性特征、核心能力和社会知识结构系统地进行了整合，体现了创业教育所具有的科学教育与人文教育的融合、智力开发与非智力教育的融合。在教学方式上，百森商学院以现实社会的状况作为切入点，把现实的实例分析和实践活动贯彻在整个教学过程中。通过智力激励与“虚拟创业”等方式，努力使学习者置身于创建企业、发展企业这样一个动态过程中，以引导学生关注与创业相关的一些经济问题、社会问题或其他问题。“他山之石，可以攻玉”，美国百森商学院的创业教育，值得我们深思。处在全面建设小康社会历史时期的中国，“创业革命”的浪潮业已抬头。对于希望从社会边缘走向社会中心的我国大学来说，绝不能对此变革毫无所知。百森商学院为我国高校开展创业教育提供了可资借鉴的经验。当然，我们不能照搬照套百森模式，而要从中国“创业革命”的需要和学习者自身发展的需要出发，广采博收国内外创业教育专家的智慧，在创业教育实践中形成具有中国特色的创业教育理念、课程体系与教学方式。

二、温州大学创业教育案例

（一）温州大学创业教育概况

温州被誉为“创业热土”，植根于这片创业热土的温州大学多年来把大学生创业教育作为学校深化教育教学改革的重要举措，走出了一条具有鲜明特色的大学生创业教育模式，对人才培养产生了深刻影响。自 2002 年以来，10 000 余名大学生参加了大学生创业教育活动，1 000 多名大学生参加了大学生创业实践活动，累计创业收入达 300 余万元，共有 200 余名毕业生自主创业。学校被共青团中央授予“2007 年大学生 KAB 创业教育优秀院校”；被浙江省教育厅评为“2007年度人才培养模式创新实验区”；被浙江省中小企业局评定为“浙江省创业教育研究基地”；被温州市人民政府命名为“温州市文化创意产业园”。

学校通过课堂教学、创业工作室、素质拓展三大平台全面推进创业教育，形成课内与课外联动，创业实践与氛围营造、文化建设并举的局面。

1. 课堂教学平台侧重创业知识与创业意识教育

学校从教学主渠道入手，在课程设置中，增设创业教育课程模块，以加强学生创新精神、创业意识和创业知识教育。如，面向全校开设《大学生职业生涯发展指导》公共必修课；开设《大学生KAB创业基础课》、《温州模式与企业家精神》等公共选修课；同时，在国际贸易等相关专业设置《创业实务》、《市场营销》、《企业管理》、《中小企业案例教学》等专业必修课。学校还利用专业实习、实践、开放实验室项目等实践教学环节，强化对学生学以致用和专业创新能力的培养。

2. 专业创业工作室平台侧重创业实践与创业体验教育

相对于其他高校建立在高科技、技术发明与创造基础上的学生创业教育，学校所开展的大学生创业教育则侧重于鼓励学生发挥专业优势，倡导学以致用，创业与专业学习紧密结合。由于专业知识是大学生所掌握的最有利的资源，也是最可靠、最能够得心应手支配的资源，所以，依托专业优势开展创业活动，更符合大学生的实际。这种以专业为依托的学生创业工作室是学校学生创业实践教育的基本形式和载体，由学生5~7人自愿组合，自发组建。其特点是规模小，投入少，见效快，风险小，运作灵活。这种创业工作室既没有巨额的风险投资，也不需要大量的成本投入；既不需要大量人力资源积聚，也无须烦琐细致的分工。学校注重由小到大的积累，强调在实践中培养创业意识，提升创业能力。

3. 素质拓展平台侧重对学生综合素质的培养

学校是浙江省五所大学生素质拓展计划试点高校之一。依托素质拓展阵地，设立创新学分、特长学分、素质奖励学分、组织管理奖励学分四类素质拓展学分，强化对学生综合素质的培养。素质拓展计划围绕职业设计指导、素质拓展训练、实践平台搭设、学科竞赛等开展活动，贯穿学生在校学习全过程。通过素质拓展教育，有效提高了学生的心理承受能力、协调能力、应变能力、团队意识和协作精神，为自主创业提供了必要准备。

学校利用暑期组织、引导学生开展以“温州模式”调研和温州经济、产业结构特点调研为主题的社会实践活动。仅近三年，组织这样的实践队伍80多支，参与人数近2 000人。通过主题实践，不仅增强了学生的实际动手能力和社会适应能力，而且深化了学生对温州地域经济、商业文化的认识，在潜移默化中培养了学生的创业意识。学校连续九年被评为大学生暑期“三下乡”活动先进集体。

学校出台《学生科研管理条例》，鼓励和引导学生参与科技创新。近三年来，学校投入专项经费70余万元，扶持学生科研科技课题立项513项。2007年，有52人14项学生科技创新项目被浙江省科技厅、团省委、省教育厅首次联合开展的2007年“新苗人才计划”立项资助，资助总金额达10万元。此外，近三年学生累计在国内外学术刊物上发表文章76篇；发明实用新型专利4项；5位同学设计的鞋靴样板被康奈集团、鸥鸟王鞋业公司等采纳并投入生产。学校成立了大学生科技协会，连续举办了22届学生学术论文报告会。学生的科技创新活动为创业实践打下了坚实基础。

（二）温州大学人才培养模式改革的具体思路

1. 优势与特点相结合

（1）具有区域优势。温州传统文化孕育着浓厚的创业意识。这种独特的地域文化赋予温州人一种近乎天然的商品意识。随着经济社会的不断进步，这种历久弥新的地域文化与改革开放的伟大实践融合产生了享誉中外的“温州模式”。在“温州模式”的形成过程中应运而生的当代“温州精神”，其根本内涵就是“敢为人先、特别能吃苦、特别能创业”。正是这种精神赋予温州大学这所地方院校人才培养实践以强大的精神动力和思想源泉。

（2）具有先发优势。在2002年，教育部确定九所部属高校作为大学生创业教育试点学校。创业教育刚起步时，同年11月，温州大学就成立了浙江省首个结合专业的创业工作室，开创了创业教育实践之先河，并逐步发展壮大，现有100余个专业创业工作室。在创业教育的基础上提出创新教育、创意教育，使之形成创意、创新、创业教育体系：创意是思维层面；创新是方法层面；创业是实践层面。

（3）与学校特点相结合。高校应有自己不同的培养目标，如，"985"等国家重点大学培养研究型人才，拿"项目"的人才，培养科学家精神；温州大学属于地方院校，应该培养应用型人才，拿"营业执照"的人才，培养企业家精神。

（4）与学生特点相结合。温州大学的学生思维活跃，善于创新，好动，具有较强的动手实践能力；并且大部分来自温州及周边地区，相对来说，家境富裕一些，来自企业家家庭多一些，有利于开展创业教育。

2. 课内与课外相结合

（1）改革课程体系。要以未来社会每个人应得到的学术性、职业性和证明个人事业心与开拓技能的三本"教育护照"为基本结构，设置公共基础课程、学科基础课程、专业课程和创业教育课程群四大课程板块。

（2）拓宽课外活动。组织学生参加第二课堂活动，拓宽学生的知识面，提高学生的动手能力和实践能力。积极做好五大课外活动：创业工作室要侧重学生的创业实践与体验教育；学生社团要侧重课外创业氛围的营造；素质拓展计划要侧重学生综合素质的培养；学生科研科技活动要侧重学生创新意识与能力的培养；暑期社会实践要侧重学生综合实践能力、社会适应能力的提高。

3. 学校与企业相结合

（1）校企合作，"请进来"。结合学校的人才培养特色，以服务大学生的就业和创业为导向，通过整合校企资源，搭建校企合作综合平台，深化校企协同培养应用型人才培养模式，引领学校大学生成才新亮点。让一大批知名企业家进校园，通过优秀企业家走近青年学生，言传身教，报告创业典型事迹，激励在校学生在企业家精神下感悟成长；同时，还能让大学生感知企业，感悟职业，更好地融入企业，加快培养应用型高级专门人才。

（2）校企合作，“走出去”。建立温州大学百个“大学生专业实践基地”。实践基地是高校培养具有实践能力和创新创业精神的高素质人才，充分发挥高校科技、文化优势，服务地方企业的有效举措。基地的建立，将有利于加大高校与企业之间产学研的合作力度，一方面为基地单位服务，另一方面增强学生的实践能力。

4. 创业与专业相结合

（1）专业教育渗透创业理念。创新创业教育的重点和难点在于，如何在专业教学中渗透创业教育的理念和创新的教学内容，如何引导学生在第一课堂接受创新思想，形成创新思维，树立创新意识。目前，在专业教学管理和评估体系中，缺乏创新意识和创业内容的管理机制，使得部分教师在授课内容和授课方法上仍然缺乏创新性和开拓性。部分学科的教材仍然存在过时的现象，缺乏时代感和时效性。因此，在教育教学改革的过程中，需要加大师资培训力度，加快教学内容更新速度，加强教学方法和手段的现代化程度，增加专业教学的创新性和灵活性。

（2）创业实践结合专业教育。从学生自身特点出发，倡导依托专业优势开展创业实践。这有利于弥补学生因社会资源的匮乏所造成的创业劣势，有利于规避风险，达到创业成功几率的最大化，使创业与学业相得益彰。

（三）温州大学创业教育措施

1. 修订培养方案，保证创业教育的系统性

为了有效地进行人才培养模式创新实验，学校准备从艺术设计类、经济管理类、电气信息类专业的人才培养方案入手，逐步构建

起一套理论与实践并举、课内与课外联动的完整创业教育体系。为了有效地推进大学生创业教育，在课堂教学上，全面实施以通识教育和专业教育有机结合的“基础 + 专业”为基本架构的人才培养方案。无论是在基础平台阶段还是在专业教育阶段均突出对创业型人才的培养，设置相关课程。例如，在基础平台，将就业创业指导课纳入公共必修课程，拟设置以大学生 KAB 创业基础等为特色的创业教育系列课程群为学生的选修课程；在试点专业的专业教育中，设置《创业实务》、《专业创业》、《中小企业创业管理》等为专业必修课；通过教学主渠道对学生进行系统的创业理论与知识教育。在实践教学环节，提出基础实践、创新实践、创造实践，利用专业实习、实践、开放实验室项目等实践教学载体，强化对学生“学以致用”能力的培养。

2. 搭建创业平台，增强创业教育的实效性

为了强化对学生创业意识和创业实践能力的教育，学校准备逐步构建学生创业工作室、学院创业中心、学校创业园“三位一体”的创业教育平台。在创业园的管理上，坚持“铁打的工作室，流水的创业者”的理念，使更多的学生在创业园中得到创业实践的锻炼。以专业为依托的学生创业工作室是学生创业教育的基本形式和载体；学院以大学生创业中心为平台，为学生创业工作室提供最直接的服务；学校建立大学生创业园，现有 100 余个专业创业工作室。通过实实在在的创业实践来培养学生的创业综合素质。这样的创业教育实践平台，既可以保证学生的创业内容依托专业基础，又有利于学校有限的教育资源的优化配置与合理共享，促进学校创业教育与服务的深入，避免对学生创业行为的限制和约束，大大提高了创业教育的实效性。

3. 营造浓厚氛围，提升创业教育的拓展性

学校以第二课堂为创业教育的拓展阵地，充分发挥其教学主渠道以外的辅助功能，通过社会实践、学科竞赛、创业计划大赛、学生科研、素质拓展训练等途径，努力营造一种富有创新创业氛围的

校园文化环境。首先，准备在大学生素质拓展项目中，举办企业家论坛、创业论坛、模拟营销、演讲与辩论等活动以培养学生的综合创业素质。其次，聘请温州籍知名企业家走进论坛与学生就创业之道进行交流与探讨。通过企业家论坛，建立学生与企业家之间一种面对面的直接交流机制，激发学生投身于创业实践的热情。再次，学校鼓励创新创业竞赛，培养学生的专业创新意识。最后，组建调查队伍，对“温州模式”、温州民营经济的发展状况、温州家族企业的改革、企业文化、行业协会等进行专门调研和考察。这样的实践活动不仅深化了学生对温州地域经济、商业文化的认识，同时对学生创业素质的培养、创业意识的塑造也是潜移默化的。

4. 设立创业基金，加大创业教育的持续性

在已有的200万元创业基金的基础上，通过企业家捐赠、学校划拨、校友馈赠，准备建立500万元的创业基金，支持大学生创业，加大创业教育与实践的扶植力度。

5. 加强师资队伍建设

将创业教育的理念渗透到专业教育中，构建多元化特色师资，为创业教育实施提供保障。挑选部分专业教师到企业挂职实践，将专业知识与生产实践相结合。同时，与创业教育开展较为成熟的院校建立合作关系，聘请合作院校创业教育资深教师为温州大学客座教授，为该校师生提供指导和授课。另外，聘请温州知名校友企业家担任创业导师，他们的创业经历是大学生创业教育最好的“活”教材。

6. 开设企业接班人试点班和创业先锋班

在二年级不同专业的学生中挑选家庭有商业背景的学生组成“企业接班人试点班”，设置《财务管理》、《公共关系学》、《市场营销》等课程，以案例教学为主，教学安排上着重“接班”能力的培养，使其毕业后来接企业的班，实现企业的再成长。组织这些企业接班人到世界500强企业进行实践，亲身进行体验，使其与国际接轨，培养具有国际视野的温州企业接班人，实现温州经济的长远发

展。创业先锋班着重培养学生的创业能力，使其毕业后就能结合专业进行创业。

7. 加强与社会的对接

一直以来，学生的创业实践服务对象一般是学生，局限于校园的范围。今后，在进一步完善校园市场的同时，慢慢向社会市场转变，加强与社会的对接，使创业范围由校内市场向社会市场转变。同时，向社会征求合作项目，由学校提供场地和人才，由企业提供设备、技术人员等，共同研发。充分发挥学校的专业优势、人才优势和研发优势，更好地为温州经济发展服务。

8. 以创新、创意带动创业，形成“创业、创新、创意”的良好氛围

在学生中加强“创新与创意”教育，并以“创新、创意”带动创业。温州市文化创意产业园落户学校，为学生的创业提供了优良的资源，也为创意产业发展搭建了有效平台，同时，鼓励学生申报国家发明或专利。积极鼓励参加各种比赛，设立创新奖学金。每年划拨100万元专项经费支持创新项目，从而在学生中形成一个良好的创业、创新、创意氛围，培养学生成为高素质、强能力、会创新、能创业的高级应用型人才。

（四）温州大学创业教育保障体系

1. 制度建设

学校将创业能力的培养列入人才培养目标之一，确定了“培养德、智、体、美全面发展，具有创新精神、创业能力和社会责任感的应用型高级专门人才”的人才培养目标，并将创业教育纳入人才培养方案予以实施。出台《温州大学大学生素质拓展计划实施意见》，明确素质拓展计划为大学生创新创业服务；颁布《温州大学创业园项目管理办法》，对创业团队的入驻、管理与服务、考核与奖惩、团队退出等作了全面规定；出台《温州大学课外教育项目学分管理办法（试行）》、《温州大学学科竞赛实施意见》等一系列制度、措施，鼓励和引导学生参与创新创业实践。

2．师资队伍建设

师资队伍职称结构合理，由副教授、教授组成；专业学科背景齐全，教师中有专门从事企业管理、市场营销、创业教育的教师10余名，也有从事专业创业的指导教师30余名，还有从事温州民营企业研究、温州传统地域文化研究、大学生创业教育研究的学者专家5名。另外，学校还聘请了15位温州知名的民营企业家，如，天正集团董事长高天乐、红蜻蜓集团董事长钱金波、大虎打火机董事长周大虎作为兼职教授，为学生创业授课并进行指导。还加强与温州的银行、工商管理局、地税局等部门的合作，加大与省中小企业局、温州市经贸委的联系，聘请他们的负责人作为创业兼职教师。师资队伍年龄梯队结构合理、组成结构合理，有利于创业型人才的培养。

3．加大投入

设立温州大学新湖创业教育基金、美术与设计学院红蜻蜓创新创业奖学金、机电工程学院大学生科技创新基金、服装学院汇智创新创业基金等，学校每年用于大学生创业教育的经费不少于100万元，极大地鼓舞了学生创新创业的热情。

4．实验室建设

学校的艺术设计专业有产品造型设计、环境艺术、传媒设计、鞋样设计四个实训车间，教学设备资产达500万元，实验室面积达5 000多平方米，计算机房5个，电脑200余台。学校建有9 000平方米的文科实验实训大楼，并投资400余万元，建立工商管理模拟实验室、电子商务实验室、物流管理实验室等，为教学与实践提供了良好的环境，使用效果良好。

5．创业工作室建设

大学生创业园始建于2002年，在原来只有一个创业工作室的基础上，经过五年的建设，目前已开拓创业园面积6 000多平方米，可容纳100余个学生创业团队。经过学院创业中心的培育，效益和发展前景较好的学生创业工作室入驻创业园，这些工作室可以获得学校层面的各项扶持和激励政策的惠及，从而获得更大的发展。

6. 校外实践基地建设

建立校外实习基地150余家，其中有著名的康奈集团、正泰集团、飞科电器等。这些教学条件有利于创业型人才的培养。

7. 本地企业家网络数据库建设

收集本地企业家有关信息，建立企业家网络数据库，并且链接全国温州商会的网站。这对于学生的实践、教师的科研等工作的顺利开展起到了十分重要的作用。

8. 大学生创业网站建设

建立温州大学大学生创业网，打造大学生创业教育、创业网络阵地和交流平台。

9. 建立大学生创业教育顾问团

积极与地方工商行政管理部门、税务部门等协商，建立协调机制，为学生创业争取优惠的扶持政策。

（五）温州大学创业教育管理与运行

（1）成立以校长为组长的大学生创业教育领导小组，既有教务处、学生处、就业处、团委等行政职能部门的领导，又有试点学院的领导，统筹协调创新实验区的建设与运行。下设大学生创业教育研究所、大学生创业教育教研室、大学生创业园管理办公室。

（2）由学校教务处牵头组织创业型人才培养、方案的制订、改革课程体系、加强教学改革，从教学主渠道入手加强大学生创业教育。

（3）学校建立了“学生专业创业工作室、学院大学生创业中心、学校大学生创业园”三级联动、“三位一体”的创业教育管理与服务机制。学校与学院层面的主要工作在于教育、引导、鼓励和服务，为学生创业提供一切可能的便利条件，争取一切有利的校内外教育资源。

（4）关于创业实践，学校倡导学生自主经营、自负盈亏，在学生创业工作室之间引入优胜劣汰机制，实行年度经营绩效考核，对考核不合格、经营效果不佳的工作室予以警告或撤并；对新建创业工作室采取申报答辩机制；对学生创业工作室的管理采取目标管理和过程服务相结合的机制。

温州地域文化特色鲜明，从古至今始终带有浓厚的务实、创新特点。传统地域文化与现代商品经济融合产生的“温州模式”以及其中蕴涵的“温州精神”，至今仍焕发着蓬勃的生机与活力。温州大学在独特的地域文化的熏陶下，总结多年办学经验，确立了“求学问是、敢为人先”的校训，明确了“培养德智体美全面发展，具有创新精神、创业能力和社会责任感的应用型人才”的培养目标，把具有鲜明地域特点的大学生创业教育作为学校教育教学改革的重要实践，逐渐形成具有地域特色的创业教育模式。各高校的创业教育也应该根据学校的特点和实际情况具体开展，温州大学建立的这种创业教育模式具有很强的参考价值和引领作用。

参考文献

[1] 毛家瑞，彭钢，陈敬朴．关于创业教育的若干问题［J］．教育研究，1992（1）．

[2] 毛家瑞，孙孔懿．素质教育论［M］．北京：人民教育出版社，1993.

[3] 彭钢．创业教育学［M］．南京：江苏教育出版社，1995.

[4] 施良方．课程理论——课程的基础、原理与问题［M］．北京：教育科学出版社，1996.

[5] 田杰．教育测量与教学评价［M］．西安：陕西师范大学出版社，1998.

[6] 杰弗里·A. 蒂蒙斯（Jeffry A. Timmons）．创建新企业［M］．北京：华夏出版社，2000.

[7] 郁义鸿，李志能，Robert D. Hisrich．创业学［M］．上海：复旦大学出版社，2000.

[8] 潘懋元．高校毕业生应成为就业岗位的创造者．潘懋元论高等教育［M］．福州：福建教育出版社，2000.

[9] 池仁勇．美国的创业支援体系剖析［J］．外国经济与管理，2001（1）．

[10] 雷霖，江永亨．大学生创业指南［M］．长沙：中南大学出版社，2001.

[11] 韩威，欧阳沁．清华大学把创业教育融入职业生涯辅导［J］．中国大学生创业，2001（3）．

[12] 创新与创业教育课题组．创新与创业［M］．北京：中国劳动社会保障出版社，2005.

[13] 唐德海，常小勇．从就业教育走向创业教育的历程［J］．

教育研究，2001（2）.

［14］张武升．教育创新论［M］．上海：上海教育出版社，2001.

［15］宋克勤．创业成功学［M］．北京：经济管理出版社，2002.

［16］杜娟．创业教育的理论范式与实践研究［J］．探求，2002（2）.

［17］欧阳晓．关于大学生创业教育的几个问题［J］．中国高教研究，2002（8）.

［18］张帆，张帏．美国大学创业教育发展及对中国的启示［J］．中国人才，2003（8）.

［19］王树声．创业教育研究［D］．长春：东北师范大学，2003，11.

［20］董跃进．大学生职业素质培养的前瞻性思考［J］．现代教育科学，2004（1）.

［21］李时椿，常建坤，杨怡．大学生创业与高等院校创业教育［M］．北京：国防工业出版社，2004.

［22］于连涛，刘伟．创新与创业教育［M］．青岛：中国海洋大学出版社，2004.

［23］杨艳萍．创业学［M］．长沙：湖南大学出版社，2004.

［24］丁惠，陈风华，肖云龙．美国百森商学院创业教育特点［J］．教育评论，2004（4）.

［25］熊飞，丘筦华．中美两国创业教育比较研究［J］．北京航空航天大学学报，2005（4）.

［26］张竹筠．美国大学的创业教育对中国的启示［J］．科研管理，2005（10）.

［27］何艳玲，高芸，王蘋．高校毕业生就业难与开展创业教育的研究［J］．理工高教研究，2005（3）.

［28］余波．美国创业投资基金的发展及其借鉴意义［J］．世界经济与政治论坛，2005（3）.

［29］钟达．论技校学生创业精神的培养［J］．职业教育研究，

2006（3）.

［30］房欲飞. 大学创业教育在英国［J］. 上海教育，2006（14）.

［31］赵志军. 关于推进创业教育的若干思考［J］. 教育研究，2006（4）.

［32］木志荣. 我国大学生创业教育模式探讨［J］. 高等教育研究，2006（11）.

［33］牛长松. 英国大学生创业教育政策探析［J］. 比较教育研究，2007（4）.

［34］潘嵩. 我国高校大学生创业教育对策研究［D］. 南京：河海大学，2007，3.

［35］邓汉慧，刘帆，赵纹纹. 美国创业教育的兴起发展与挑战［J］. 中国青年研究，2007，9.

［36］王彩花. 我国高校创业教育研究［D］. 上海：华东师范大学，2007，4.

［37］范龙，尹琦. 大学生创业定位与创业教育［J］. 中国高教研究，2007（7）.

［38］齐文勃. 我国高校创业教育现状分析及对策研究［D］. 辽宁：大连理工大学，2008，8.

［39］桂敏. 中国高校创业教育的现状研究与构建模式的思考［D］. 湖北：武汉理工大学，2008，12.

［40］李莉丽，龙希利. 我国大学生创业教育运行机制研究［M］. 山东：山东大学出版社，2009.

［41］安波. 高等学校创业教育模式研究［D］. 山东：山东师范大学，2009，5.

［42］张雷，李海娜. 英国创业教育及成功经验探究［J］. 大众文艺，2009（11）.

［43］赵观石. 美国、瑞典、印度三国大学生创业教育比较及启示［J］. 教育学术月刊，2009（5）.